《官箴四部》第四部

平天下篇

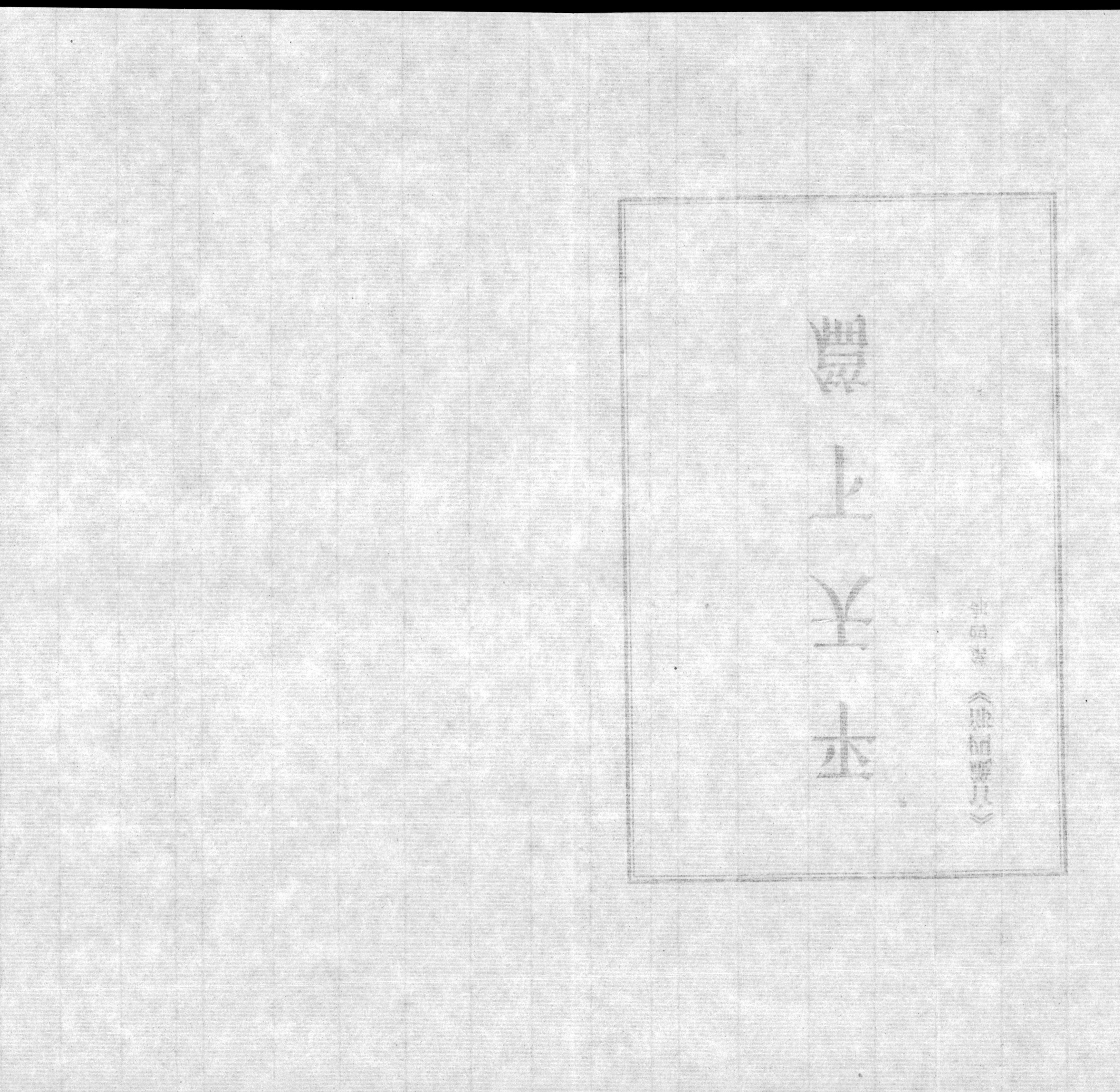

目录

官箴四部

论语

［春秋］孔子

子贡问政。子曰：『足食，足兵，民信之矣。』子贡曰：『必不得已而去，于斯三者何先？』曰：『去兵。』子贡曰：『必不得已而去，于斯二者何先？』曰：『去食。自古皆有死，民无信不立。』

——《论语·颜渊》

子谓子产，『有君子之道四焉：其行己也恭，其事上也敬，其养民也惠，其使民也义。』

——《论语·公冶长》

子张问于孔子曰：『何如，斯可以从政矣？』子曰：『尊五美，屏四恶，斯可以从政矣。』子张曰：『何谓五美？』子曰：『君子惠而不费，劳而不怨，欲而不贪，泰而不骄，威而不猛。』子张曰：『何谓惠而不费？』子曰：『因民之所利而利之，斯不亦惠而不费乎？择可劳而劳之，又谁怨？欲仁得仁，又焉贪？君子无众寡、无小大、无敢慢，斯不亦泰而不骄乎？君子正其衣冠，尊其瞻视，俨然人望而畏之，斯不亦威而不猛乎？』子张曰：『何谓四恶？』子曰：『不教而杀谓之虐，不戒视成谓之暴，慢令致期谓之贼，犹之与人也，出纳之吝，谓之有司。』

——《论语·尧曰》

道千乘之国，敬事而信，节用而爱人，使民以时。

——《论语·学而》

子张问仁于孔子。孔子曰：『能行五者于天下为仁矣。』『请问之。』曰：『恭、宽、信、敏、惠。恭则不侮，宽则得众，信则人任焉，敏则有功，惠则足以使人。』

——《论语·阳货篇》

举直错诸枉，则民服。举枉错诸直，则民不服。

——《论语·为政》

尚书

［春秋］孔子

禹曰：『吁！咸若时，惟帝其难之。知人则哲，能官人。』

叔向问晏子曰：『意孰为高？行孰为厚？』对曰：『意莫高于爱民，行莫厚于乐民。』又问曰：『意孰为下？行孰为贱？』对曰：『意莫下于刻民，行莫贱于害身也。』

——《晏子春秋·内篇问下》

庄公问晏子曰：『威当世而服天下，时邪？』晏子对曰：『行也。』公曰：『何行？』对曰：『能爱邦内之民者，能服境外之不善；重士民之死力者，能禁暴国之邪逆；听赁贤者，能威诸侯；安仁义而乐世利者，能服天下。不能爱邦内之民者，不能服境外之不善；轻士民之死力者，不能禁暴国之邪逆；愎谏傲贤者之言，不能威诸侯；倍仁义而贪名实者，不能威当世而服天下。此其道也已。』而公不用，晏子退而穷处，公任勇力之士而轻臣仆之死，用兵无休，国罢民害，期年，百姓大乱，而身及崔氏之祸。

——《晏子春秋·内篇问上》

景公之时，雨雪三日而不霁。公被狐白之裘，坐于堂侧殿。晏子入见，立有间。公曰：『怪哉！雨雪三日而天不寒。』晏子对曰：『天不寒乎？』公笑。晏子曰：『婴闻古之贤君，饱而知人之饥，温而知人之寒，逸而知人之劳。今君不知也。』公曰：『善！寡人闻命矣。』乃令出裘发粟，以与饥寒者。

——《晏子春秋·内篇谏上》

左传

[春秋]左丘明

冬十月，晋韩献子告老。公族穆子有废疾，将立之。辞曰：『《诗》曰：「岂不夙夜，谓行多露。」又曰：「弗躬弗亲，庶民弗信。」无忌不才，让，其可乎？请立起也！与田苏游，而曰好仁。《诗》曰：「靖共尔位，好是正直。神之听之，介尔景福。」恤民为德，正直为正，正曲为直，参和为仁。如是，则神听之，介

安民则惠，黎民怀之。能哲而惠，何忧乎驩兜？何迁乎有苗？何畏乎巧言令色孔壬？』

——《尚书・皋陶谟》

天其以予乂民，朕梦协朕卜，袭于休祥，戎商必克，受有亿兆夷人，离心离德，予有乱臣十人，同心同德。虽有周亲，不如仁人。天视自我民视，天听自我民听。百姓有过，在予一人。今朕必往，我武惟扬，侵于之疆，取彼凶残，我伐用张，于汤有光。勖哉夫子，罔或无畏，宁执非敌。百姓懔懔，若崩厥角。呜呼！乃一德一心，立定厥功，惟克永世。

——《尚书・泰誓中》

禹曰：『於！帝念哉！德惟善政，政在养民。水、火、金、木、土、谷，惟修，正德、利用、厚生，惟和。九功惟叙，九叙惟歌。戒之用休，董之用威，劝之以九歌，俾勿坏。』

——《尚书・虞书・大禹谟第三》

民惟邦本，本固邦宁。

——《尚书・五子之歌》

以公灭私，民其允怀。

——《尚书・周官》

宥过无大，刑故无小。

——《尚书・大禹谟》

政贵有恒。

——《尚书・毕命》

罪疑惟轻，功疑惟重。与其杀不辜，宁失不经。

——《尚书・大禹谟》

诛不避贵，赏不遗贱。举事不私，听狱不阿。

晏子春秋

[战国]

景公之时，雨雪三日而不霁。公被狐白之裘，坐于堂侧殿。晏子入见，立有间。公曰：『怪哉！雨雪三日而天不寒。』晏子对曰：『天不寒乎？』公笑。晏子曰：『晏闻古之贤君，饱而知人之饥，温而知人之寒，逸而知人之劳。今君不知也。』公曰：『善！寡人闻命矣。』乃令出裘发粟，以与饥寒者。

——《晏子春秋・内篇》

福降之。立之，不亦可乎？』庚戌，使宣子朝，遂老。晋侯谓韩无忌仁，使掌公族大夫。

——《左传·襄公七年》

居安思危，思则有备，有备无患。

——《左传·襄公十一年》

为政者不赏私劳，不罚私怨。

——《左传·昭公五年》

善则赏之，过则匡之，患则救之，失则革之。

——《左传·襄公十四年》

老子

［春秋］老　子

老子曰：天长地久。天地之所以能长且久者，以其不自生也，故能长生。是以圣人退其身而身先，外其身而身存。不以其无私欤？故能成其私。

——《老子·第七章》

爱以身为天下，若可托天下。

——《老子·第十三章》

知其白，守其黑，为天下式。为天下式，恒德不忒，复归于无极。

——《老子·第二十八章》

知其荣，守其辱，为天下谷。为天下谷，恒德乃足，复归于朴。

——《老子·第二十八章》

以道佐人主者，不以兵强天下，其事好还。

——《老子·第三十章》

善战者果而已矣，勿以取强焉。

——《老子·第三十章》

夫兵者不祥之器也，物或恶之，故有道者弗处。

——《老子·第三十一章》

执大象，天下往。往而不害，安平泰。

——《老子·第三十五章》

鱼不可脱于渊，邦之利器，不可以示人。

——《老子·第三十六章》

道恒无为，而无不为。侯王若能守之，万物将自化。

——《老子·第三十七章》

不欲以静，天下将自正。

——《老子·第三十七章》

大巧若拙，其用不屈，躁胜寒，静胜热，清静可以为天下正。

——《老子·第四十五章》

将欲取天下者，恒以无事。及其有事也，又不足以取天下矣。

——《老子·第四十八章》

圣人无常心，以百姓心为心。

——《老子·第四十九章》

修之邦，其德乃丰；修之天下，其德乃溥。

——《老子·第五十四章》

以正治国，以奇用兵，以无事取天下。

——《老子·第五十七章》

我无为，而民自化；我好静，而民自正；我无事，而民自富；我无欲，而民自朴。

——《老子·第五十七章》

其政闷闷，其民淳淳；其政察察，其民缺缺。祸兮福之所倚，福兮祸之所伏。孰知其极？其无正。正复为奇，善复为妖。人之迷，其日固久！是以圣人方而不割，廉而不刿，直而不肆，光而不耀。

——《老子·第五十八章》

治人事天，莫若啬。夫唯啬，是谓早服；早服谓之重积德；重积德，则无不克。无不克，则莫知其极。莫知其极，可以有国，有国之母，可以长久。是谓深根固柢，长生久视之道。

——《老子·第五十九章》

天下之难，作于易；天下之大，作于细。

——《老子·第六十三章》

为之于未有，治之于未乱。

——《老子·第六十四章》

居上而民弗重也，居前而民弗害也。天下乐推而弗厌也。

——《老子·第六十六章》

天之道，不争而善胜，不言而善应，不召而自来，坦然而善谋。

——《老子·第七十三章》

管子

［春秋］管　仲

凡治国之道，必先富民。民富则易治也，民贫则难治也。奚以知其然也？民富则安乡重家，安乡重家则敬上畏罪，敬上畏罪则易治也。民贫则危乡轻家，危乡轻家则敢陵上犯禁，陵上犯禁则难治也。故治国常富，而乱国常贫。是以善为国者，必先富民，然后治之。

——《管子·治国第四十八》

目贵明，耳贵聪，心贵智。以天下之目视，则无不见也。以天下之耳听，则无不闻也。以天下之心虑者，则无不知。辐辏并进，则明不可塞。

——《管子·九守》

言之不可复者，其言不信也；行之不可再者，其行贼暴也。故言而不信则民不附，行而贼暴则天下怨。民不附，天下怨，此灭亡之所从生也，故明主禁之。故曰：『凡言之不可复，行之不可再者，有国者之大禁也。』

——《管子·形势解》

莅民如父母，则民亲爱之。道之纯厚，遇之有实，虽不言曰吾亲民，而民亲矣。莅民如仇雠，则民疏之。道之不厚，遇之无实，诈伪并起，虽言曰吾亲民，民不亲也。故曰：『亲近者言无事焉。』

——《管子·形势解》

法者，上之所以一民使下也。

——《管子·心术上》

法者，天下之仪也。

——《管子·禁藏》

宪律制度必法道。

——《管子·伍法》

法者，所以兴功惧暴也，律者，所以定分止争也，令者，所以令人知事也。

——《管子·七臣七主》

法者，天下之程式也，万事之仪表也。

——《管子·明法》

有法度之制者，不可巧以作伪，有权衡之称者，不可欺以轻重，有寻丈之数者，不可差以长短。

——《管子·明法》

利莫大于治，害莫大于乱。

——《管子·正世》

召远在修近，闭祸在除怨。

为人上者释法而行私，则人臣者援私以为公。

——《管子·版法》

虽有巧目利手，不如拙规矩之正方圆也。故巧者能生规矩，不能废规矩而正方圆；圣人能生法，不能废法以治国。

——《管子·君臣上》

禁胜于身，则令行于民。

——《管子·法法》

有道之君，行法修制，先民服也。

——《管子·法法》

上不行法则民不从彼。

——《管子·法法》

不为重宝轻号令，不为亲戚后社稷，不为爱民枉法律，不为爵禄分威权。

——《管子·法法》

视时而立仪。

——《管子·国难》

私情行而公法毁。

——《管子·八观》

省刑之要在禁文巧。

——《管子·牧民》

墨子

［战国］墨 子

子墨子言曰：『知者之事，必计国家百姓所以治者而为之，必计国家百姓之所以乱者而辟之。』然计国家百姓之所以治者，何也？上之为政，得下之情则治，不得下之情则乱。何以知其然也？上之为政，得下之情，则是明于民之善非也。若苟明于民之善非也，则得善人而赏之，得暴人而罚之也。善人赏而暴人罚，则国必治。上之为政也，不得下之情，则是不明于民之善非也，若苟不明于民之善非，则是不得善人而赏之，不得暴人而罚之。善人不赏而暴人不罚，为政若此，国众必乱。故赏不得下之情，而不可不察者也。

——《墨子·尚同下》

天下从事者，不可以无法仪，无法仪而其事能成者无有也。

——战国《墨子·法仪》

若使天下兼相爱，国与国不相攻，家与家不相乱，盗贼无有，君臣父子皆能孝慈，若此，则天下治。
——《墨子·兼爱》

天下兼相爱则治，交相恶则乱。
——《墨子·兼爱》

天下之人皆不相爱，强必执弱，富必侮贫，贵必敖贱，诈必欺愚。
——《墨子·兼爱》

仁人之事者，必务求兴天下之利，除天下之害。
——《墨子·兼爱》

法不仁，不可以为法。
——《墨子·法仪》

爱人利人者，天必福之；恶人贼人者，天必祸之。
——《墨子·法仪》

鬼谷子

［战国］王 诩

用赏贵信，用刑贵正。
——《鬼谷子·符言》

故圣人之在天下也，自古及今，其道一也。

各有所归，或阴或阳，或柔或刚，或开或闭，或驰或张。
——《鬼谷子·捭阖第一》

是故圣人一守司其门户，审察其所先后，度权量能，校其伎巧短长。
——《鬼谷子·捭阖第一》

商君书

［战国］商 鞅

昔之能制天下者，必先制其民者也；能胜强敌者，必先胜其民者也。故胜民之本在制民，若治于金、陶于土也。本不坚，则民如飞鸟禽兽，其孰能制之？民本，法也。故善治者塞民以法，而名地作矣。
——《商君书·画策》

圣人之为国也，观俗立法则治。
——《商君书·算地》

法不察民情而立之，则不威。
——《商君书·壹言》

当事而立法，因时而制礼。
——《商君书·更法》

赏厚而刑，刑重而威，必不失疏远，不违亲切。

不以私害法，则治。——《商君书·修权》

法平则吏无奸。——《商君书·修权》

言不中法者，不听也，行不中法者，不高也，事不中法者，不为也。——《商君书·勒令》

破胜党任，节去言谈，任法而治矣。——《商君书·君臣》

法任而国治矣。——《商君书·慎法》

爱恶各以其正，治之至也。——《商君书·慎法》

夫明赏不费，明刑不戮，明教不变。——《商君书·慎法》

有功于前，有败于后，不为损刑。有善于前，有过于后，不为亏法。——《商君书·赏刑》

国之所以治者三：一曰法，二曰信，三曰权。——《商君书·赏刑》

君臣释法任私必乱。故立法明分，而不以私害法，则治。——《商君书·修权》

民信其赏，则事功成；信其刑，则奸无端。——《商君书·修权》

凡赏者，文也；刑者，武也。文武者，法之约也。——《商君书·修权》

赏厚而信，刑重而必；不失疏远，不违亲近，故臣不蔽主，而下不欺上。——《商君书·修权》

世之为治者，多释法而任私议，此国之所以乱也。——《商君书·修权》

法者，国之权衡也。——《商君书·修权》

赏诛之法，不失其议，故民不争。——《商君书·修权》

不以刑罚隐疏远，则下亲上。——《商君书·修权》

君好法，则臣以法事君；君好言，则臣以言事君。君好法，则端直之士在前；君好言，则毁誉之臣在侧。

——《商君书·修权》

公私之分明，则小人不疾贤，而不肖者不妒功。

——《商君书·修权》

论贤举能而传焉，非疏父子亲越人也，明于治乱之道也。

——《商君书·修权》

擅其名而有其功，天下乐其政，而莫之能伤也。

——《商君书·修权》

擅一国之利而管一官之重，以便其私，此国之所以危也。

——《商君书·修权》

公私之交存亡之本也。

——《商君书·修权》

夫废法度而好私议，则奸臣鬻权以约禄，秩官之吏隐下而渔民。

——《商君书·修权》

大臣争于私而不顾其民，则下离上。

——《商君书·修权》

孟子

［战国］孟　子

与民偕乐，故能乐也。

——《孟子·梁惠王上》

古之人，得志，泽加于民；不得志，修身见于世。穷则独善其身，达则兼济天下。

——《孟子·尽心上》

齐宣王见孟子于雪宫。王曰：『贤者亦有此乐乎？』

孟子对曰：『有。人不得，则非其上矣。不得而非其上者，非也；为民上而不与民同乐者，亦非也。乐民之乐者，民亦乐其乐；忧民之忧者，民亦忧其忧。乐以天下，忧以天下，然而不王者，未之有也。

『昔者齐景公问于晏子曰：「吾欲观于转附、朝舞，遵海而南，放于琅邪。吾何修而可以比于先王观也？」

晏子对曰：「善哉问也！天子适诸侯曰巡狩，巡狩者巡所守也；诸侯朝于天子曰述职，述职者述所职也。无非事者。春省耕而补不足，秋省敛而助不给。夏谚曰：『吾王不游，吾何以休？吾王不豫，吾何以助？一游一豫，为诸侯度。』今也不然：师行而粮食，饥者弗食，劳者弗息。睊睊胥谗，民乃作慝。方命虐民，饮食若流。流连荒亡，为诸侯忧。从流下而忘反谓之流，从流上而忘反谓之连，从兽无厌谓之荒，乐酒无厌谓之亡。先王无流连之乐，荒亡之行。惟君所行也。」

景公悦，大戒于国，出舍于郊。于是始兴发补不足。召大师曰：「为我作君臣相说之乐！」盖《徵招》、《角招》是也。其诗曰：『畜君何尤？』畜君者，好君也。」——《孟子·梁惠王章句下》

『得天下有道，得其民，斯得天下矣。得其民有道，得其心，斯得民矣。得其心有道，所欲与之聚之，所恶勿施尔也。』——《孟子·离娄上》

陈代曰：『不见诸侯，宜若小然。今一见之，大则以王，小则以霸。且志曰：枉尺而直寻，宜若可为也。』孟子曰：『昔齐景公田，招虞人以旌，不至，将杀之。志士不忘在沟壑，勇士不忘丧其元。孔子奚取焉？取非其招不往也。如不待其招而往，何哉？且夫枉尺而直寻者，以利言也。如以利，则枉寻直尺而利，亦可为与。昔者赵简子使王良与嬖奚乘，终日而不获一禽，嬖奚反命曰：天下之贱工也。或以告王良，良曰：请复之。强而后可，一朝而获十禽。嬖奚反命曰：天下之良工也。简子曰：我使掌与汝乘。谓王良，良不可。曰：吾为之范我驰驱，终日不获一，为之诡遇，一朝而获十。诗云：不失其驰，舍矢如破，我不贯与小人乘，请辞。御者羞与射者比，比而得禽兽，虽若丘陵，弗为也。如枉道而从彼，何也？且子过矣。枉己者，未有

能直人者也。』

景春曰：『公孙衍，张仪，岂不诚大丈夫哉？一怒而诸侯惧，安居而天下熄。』孟子曰：『是焉得为大丈夫乎？子未学礼乎？丈夫之冠也，父命之；女子之嫁也，母命之。往送之门，戒之曰：「往之汝家，必敬必戒，无违夫子。」以顺为正者，妾妇之道也。居天下之广居，立天下之正位，行天下之大道。得志，与民行之；不得志，独行其道。富贵不能淫，贫贱不能移，威武不能屈，此之谓大丈夫。』

周霄问曰：『古之君子仕乎？』孟子曰：『仕。传曰：孔子三月无君，则皇皇如也。出疆，必载质。公明仪曰：古之人三月无君则吊。』『三月无君则吊，不以急乎？』曰：『士之失位也，犹诸侯之失国家也。礼曰：诸侯耕助，以供粢盛；夫人蚕缫，以为衣服。牺牲不成，粢盛不洁，衣服不备，不敢以祭。惟

士无田，则亦不祭。牲杀器皿衣服不备，不敢以祭，则不敢以宴。亦不足吊乎？』『出疆必载质，何也？』曰：『士之仕也，犹农夫之耕也。农夫岂为出疆舍其耒耜哉？』曰：『晋国，亦仕国也。未尝闻仕如此其急。仕如此其急，君子之难仕，何也？』曰：『丈夫生而愿为之有室，女子生而愿为之有家。父母之心，人皆有之。不待父母之命，媒妁之言，钻穴隙相窥，逾墙相从，则父母国人皆贱之。古之人未尝不欲仕也，又恶不由其道。不由其道而往者，与钻穴隙之类也。』

彭更问曰：『后车数十乘，从者数百人，以传食与诸侯，不以泰乎？』孟子曰：『非其道，则一箪食不可受于人。如其道则舜受尧之天下不以为泰。子以为泰乎？』曰：『否，士无事而食，不可也。』曰：『子不通功易事，以羡补不足，则农有余粟，女有余布。子如通之，则梓匠轮舆皆得食与子。与此有人焉，

入则孝，出则悌，守先王之道，以待后之学者，而不得食与子，子何尊梓匠轮舆，而轻为仁义者哉？』曰：『梓匠轮舆，其志将以求食也。君子之为道也，其志亦将以求食与？』曰：『子何以其志为哉。其有功与子，可食而食之矣。且子食志乎，食功乎？』曰：『食志。』曰：『有人于此，毁瓦画墁，其志将以求食也，则子食之乎？』曰：『否。』曰：『然则子非食志也，食功也。』

万章问曰：『宋，小国也。今将行王政，齐楚恶而伐之，则如之何？』孟子曰：『汤居亳，与葛为邻，葛伯放而不祀，汤使人问之曰：「何为不祀？」曰：「无以供牺牲也。」汤使遗之牛羊。葛伯食之，又不以祀。汤又使人问之曰：「何为不祀？」曰：「无以供粢盛也。」汤使亳众，往为之耕，老弱馈食。葛伯率其民，要其有酒食黍稻者夺之，不授者杀之。有童子以黍肉饷，

杀而夺之。书曰：「葛伯仇饷。」此之谓也。为其杀是童子而征之，四海之内皆曰：「非富天下也，为匹夫匹妇复仇也。」汤始征，自葛载，十一征而无敌与天下。东面征而西夷怨，南面征而北狄怨。曰：「奚为后我？」民之望之，若大旱之望雨也。归市者弗止，芸者不变，诛其君，吊其民，如时雨降，民大悦。书曰：「奚我后？后来其无罚。」有攸不为臣，东征，绥厥士女，匪厥玄黄。绍我周土见休，惟臣附于大邑周。」其君子实玄黄于匪以迎其君子，其小人箪食壶浆以迎其小人。救民于水火之中，取其残而已矣。大誓曰：「我武惟扬，侵于之疆。则取与残，杀伐有张，于汤有光。」不行王政云尔。苟行王政，四海之内，皆举首而望之，欲以为君，齐楚虽大，何畏焉？』

孟子谓戴不胜曰：『子欲子之王之善与？我明告子。有楚大夫与此，欲其子之齐语也，则使齐人传诸？使楚人传诸？』

曰：『使齐人传之。』曰：『一齐人传之，众楚人咻之，虽日挞而求其齐也，不可得矣。引而置之庄岳之间数年，虽日挞而求其楚，亦不可得矣。子谓薛居州，善士也，使之居与王所。在于王所者，长幼卑尊，皆薛居州也，王谁与为不善？在王所者，长幼卑尊，皆非薛居州也，王谁与为善？一薛居州，独如宋王何？』

公孙丑问曰：『不见诸侯何义？』孟子曰：『古者不为臣不见。段干木，逾垣而辟之。泄柳，闭门而不内。是皆已甚。迫，斯可以见矣。阳货欲见孔子而恶无礼。大夫有赐于士，不得受于其家，则往拜其门，阳货瞰孔子之亡也，而馈孔子蒸豚，孔子亦瞰其亡也，而往拜之。当是时，阳货先，岂得不见？曾子曰：「胁肩谄笑，病于夏畦。」子路曰：「未同而言，观其色赧赧然。非由之所知也。」由是观之，则君子之所养可知矣。』

戴盈之曰：『什一，去关市之征，今兹未能。请轻之，以待

来年，然后已，何如？』孟子曰：『今有人日攘其邻之鸡者，或告之曰：「是非君子之道。」曰：「请损之，月攘一鸡，以待来年，然后已。」如知其非义，斯速已矣，何待来年？』

公都子曰：『外人皆称夫子好辩，敢问何也？』孟子曰：『予岂好辩哉，予不得已也。天下之生久矣，一治一乱。当尧之时，水逆行，泛滥于中国，蛇龙居之，民无所定，下者为巢，上者为营窟。书曰：「洚水警余。」洚水者，洪水也。使禹治之。禹掘地而注之海，驱蛇龙而放之菹，水由地中行，江淮河汉是也。险阻既远，鸟兽之害人者消，然后人得平土而居之。尧舜既没，圣人之道衰，暴君代作，坏宫室以为污池，民无所安息，弃田以为园囿，使民不得衣食，邪说暴行又作。园囿污池，沛泽多而禽兽至。及纣之身，天下又大乱。周公相武王，诛纣伐奄，三年讨其君，驱飞廉于海隅而戮之，灭国者五十，驱虎豹犀象而远之，天下大悦。

书曰：「丕显哉，文王谟。丕承哉，武王烈。佑启我后人，咸以正无缺。」世衰道微，邪说暴行有作，臣弑其君者有之，子弑其父者有之。孔子惧，作春秋。春秋，天子之事也。是故孔子曰：「知我者其惟春秋乎！罪我者其惟春秋乎！」圣王不作，诸侯放恣，处士横议，杨朱墨翟之言盈天下。天下之言，不归杨则归墨。杨氏为我，是无君也；墨氏兼爱，是无父也。无父无君，是禽兽也。公明仪曰：「庖有肥肉，厩有肥马，民有饥色，野有饿莩，此率兽而食人也。」杨墨之道不息，孔子之道不著。是邪说诬民，充塞仁义也。仁义充塞，则率兽食人，人将相食。吾为此惧。闲先圣之道，距杨墨，放淫辞，邪说者不得作。作于其心，害于其事；作于其事，害于其政。圣人复起，不易吾言矣。昔者禹抑洪水而天下平，周公兼夷狄驱猛兽而百姓宁，孔子成春秋而乱臣贼子惧。诗云：「戎狄是膺，荆舒是惩。」则莫我敢承。无父无

君，是周公所膺也。我亦欲正人心，息邪说，距陂行，放淫辞，以承三圣者。岂好辩哉，予不得已也。能言距杨墨者，圣人之徒也。』

匡章曰：『陈仲子，岂不诚廉士哉。居于陵，三日不食，耳无闻，目无见也。井上有李，螬食实者过半矣。匍匐往将食之，三咽，然后耳有闻，目有见。』孟子曰：『于齐国之士，吾必以仲子为巨擘焉。虽然，仲子恶能廉，充仲子之操，则蚓而后可者也。夫蚓，上食槁壤，下饮黄泉。仲子所居之室，伯夷之所筑与，抑亦盗跖之所筑与？所食之粟，伯夷之所树与，抑亦盗跖之所树与？是未可知也。』曰：『是何伤哉？彼身织履，妻辟栌，以易之也。』曰：『仲子，齐之世家也。兄戴，盖禄万钟，以兄之禄为不义之禄而不食也，以兄之室为不义之室而不居也。辟兄离母，处于于陵。他日归，有馈其兄生鹅者，己频槭曰：「恶用是

猊猊者为哉？」他日其母杀是鹅也，与之食之，其兄自外至，曰：「是猊猊之肉也。」出而哇之。以母则不食，以妻则食之，以兄之室则弗居，以于陵则居之。是尚为能充其类也乎？若仲子者，蚓而后充其操者也。」

——《孟子·滕文公下》

鲁欲使乐正子为政。孟子曰：「吾闻之，喜而不寐。」

公孙丑曰：「乐正子强乎？」曰：「否。」

「有知虑乎？」曰：「否。」

「多闻识乎？」曰：「否。」

「然则奚为喜而不寐？」曰：「其为人也好善。」

「好善足乎？」

曰：「好善优于天下，而况鲁国乎？夫苟好善，则四海之内皆将轻千里而来告之以善；夫苟不好善，则人将曰：『也也，予既已知之矣。』也也之声音颜色距人于千里之外。士止于千里之外，则谗谄面谀之人至矣。与谗谄面谀之人居，国欲治，可得乎？」

——《孟子·告子下》

庄子

[战国]庄 子

圣人则以身殉天下。

——《庄子·骈拇》

尹文子

[战国]尹 文

天下万事，不可备能，责其备能于一人，则贤圣其犹病诸。设一人能备天下之事，则左右前后之宜、远近迟疾之间，必有不兼者焉。苟有不兼，于治阙矣。全治而无阙者，大小、多少，各当其分；农商工仕，不易其业。老农、长商、习工、旧仕，莫不存焉。则处上者何事哉？故有理而无益于治者，君子弗言；有能而无益于事者，君子弗为。君子非乐有言，有益于治，不得不言。君子非乐有为，有益于事，不得不为。故所言者不出于名法权术，所为者不出于农稼军陈，周务而已。故明主任之。治外之

理，小人之所必言；事外之能，小人之所必为。小人亦知言有损于治，而不能不言；小人亦知能有损于事，而不能不为。故所言者极于儒墨是非之辨，所为者极于坚伪偏抗之行，求名而已。故明主诛之。故古语曰：「不知无害为君子，知之无损为小人。工匠不能，无害于巧；君子不知，无害于治。」此言信矣。为善使人不能得从，此独善也；为巧使人不能得为，此独巧也；未尽善巧之理。为善与众行之，为巧与众能之，此善之善者，巧之巧者也。故所贵圣人之治，不贵其独治，贵其能与众共治也；所贵工倕之巧，不贵其独巧，贵其能与众共巧也。今世之人，行欲独贤，事欲独能，辨欲出群，勇欲绝众。独行之贤，不足以成化；独能之事，不足以周务；出群之辨，不可为户说；绝众之勇，不可与征陈。凡此四者，乱之所由生。是以圣人任道以夷其险，立法以理其差。使贤愚不相弃，能鄙不相遗。

能鄙不相遗，则能鄙齐功；贤愚不相弃，则贤愚等虑。此至治之术也。

——《尹文子》

荀子

[战国]荀　子

川渊深而鱼鳖归之，山林茂而禽兽归之，刑政平而百姓归之，礼义备而君子归之。故礼及身而行修，义及国而政明；能以礼挟而贵名白、天下愿、令行禁止，王者之事毕矣。《诗》曰：『惠此中国，以绥四方。』此之谓也。川渊者，龙鱼之居也；山林者，鸟兽之居也；国家者，士民之居也。川渊枯则龙鱼去之，山林险则鸟兽去之，国家失政则士民去之。

——《荀子·致士》

无德不贵，无能不官，无功不赏，无罪不罚。

——《荀子·王制》

韩非子

[战国]韩　非

莫三人而迷。

——《韩非子·内储说上七术》

以道为常，以法为本。

——《韩非子·饰邪》

言行而不轨于法令者必禁。

——《韩非子·问辩》

法者，编著之国籍，设之于官府，而布之于百姓者也。

——《韩非子·难之》

圣人为法国者，必逆于世，而顺于道德。

——《韩非子·奸劫弑臣》

夫立法令者，以废私也，法令行而私道废。

——《韩非子·诡练》

凡法令更，则利害易，利害易，则民务变。

——《韩非子·解老》

吕氏春秋

［战国］吕不韦

天无私覆也，地无私载也，日月无其私烛也，四时无私行也，行其德而万物得遂长焉。

——《吕氏春秋·孟春纪》

无私为，故似无为。虚静恬淡，顺物自然，则无不为。

——《吕氏春秋·分职》

如平直必以准绳。

治国无法则乱，守法而弗变则悖，悖乱不可以持国。

——《吕氏春秋·慎大览·察今》

二曰：先王先顺民心，故功名成。夫以德得民心以立大功名者，上世多有之矣。失民心而立功名者，未之曾有也。得民必有道，万乘之国，百户之邑，民无有不说。取民之所说而民取矣，民之所说岂众哉？此取民之要也。昔者汤克夏而正天下。天大旱，五年不收，汤乃以身祷于桑林，曰：『余一人有罪，无及万夫。万夫有罪，在余一人。无以一人之不敏，使上帝鬼神伤民之命。』於是翦其发，鄜其手，以身为牺牲，用祈福于上帝。民乃甚说，雨乃大至。则汤达乎鬼神之化、人事之传也。文王处岐事纣，冤侮雅逊，朝夕必时，上贡必适，祭祀必敬。纣喜，命文王称西伯，赐之千里之地。文王载拜稽首而辞曰：『愿为民请炮烙之刑。』文王非恶千里之地，以为民请炮烙之刑，必欲得民心也。得民心则贤于千里之地，故曰文王智矣。越王苦会稽之耻，欲深

得民心，以致必死于吴。身不安枕席，口不甘厚味，目不视靡曼，耳不听钟鼓。三年苦身劳力，焦唇干肺，内亲群臣，下养百姓，以来其心。有甘脆不足分，弗敢食；有酒流之江，与民同之。身亲耕而食，妻亲织而衣。味禁珍，衣禁袭，色禁二。时出行路，从车载食，以视孤寡老弱之渍病、困穷、颜色愁悴、不赡者，必身自食之。于是属诸大夫而告之曰：『愿一与吴徼天下之衷。今吴、越之国相与俱残，士大夫履肝肺，同日而死，孤与吴王接颈交臂而偾，此孤之大愿也。若此而不可得也，内量吾国不足以伤吴，外事之诸侯不能害之，则孤将弃国家，释群臣，服剑臂刃，变容貌，易姓名，执箕帚而臣事之，以与吴王争一旦之死。孤虽知要领不属，首足异处，四枝布裂，为天下戮，孤之志必将出焉！』于是异日果与吴战于五湖，吴师大败，遂大围王宫，城门不守，禽夫差，戮吴相，残吴二年而霸。此先顺民心也。齐庄子请攻越，

问于和子。和子曰：『先君有遗令曰：「无攻越。越，猛虎也。」』庄子曰：『虽猛虎也，而今已死矣。』和子曰以告鸮子。鸮子曰：『已死矣，以为生。故凡举事，必先审民心，然后可举。』

——《吕氏春秋·卷九·顺民》

国语

[春秋]左丘明

有事不避难，有罪不避刑。

——《国语·晋语七》

惟善人能受尽言。

——《国语·周语下》

文子

[春秋]文子

积力之所举，即无不胜也；众智之所为，即无不成也。

——《文子·下德》

圣人立法以导民之心，各使自然。使生者无德，死者无怨。

——《文子·自然》

六韬 ［战国］

太公曰：『天下非一人之天下，乃天下之天下也。同天下之利者则得天下，擅天下之利者则失天下。天有时，地有财，能与人共之者仁也。仁之所在，天下归之。免人之死，解人之难，救人之患，济人之急者，德也。德之所在，天下归之。与人同忧同乐，同好同恶，义也。义之所在，天下赴之。凡人恶死而乐生，好德而归利，能生利者道也，道之所在，天下归之。』

——《六韬·文师》

太公曰：民不失务则利之。农不失时则成之。薄赋敛则与之。俭宫室台榭则乐之。吏清不苛扰则喜之。民失其务则害之。农失其时则败之。无罪而罚则杀之。重赋敛则夺之。多营宫室台榭以疲民力则苦之。吏浊苛扰则怒之。故善为国者，驭民如父母之爱子，如兄之爱弟。见其饥寒则为之忧。见其劳苦则为之悲。赏罚如加诸身。赋敛如取于己。此爱民之道也。

——《六韬·国务第三》

素书 ［西汉］黄石公

贤人君子，明于盛衰之道，通乎成败之数，审乎治乱之势，达乎去就之理。若时至而行，则能极人臣之位；得机而动，则能成绝代之功。如其不遇，没身而已。是以其道足高，而名重于后代。

——《素书·原始章第一》

怨在不舍小过，患在不预定谋。

——《素书·安礼章第六》

轻上生罪，侮下无亲。近臣不重，远臣轻之。

——《素书·安礼章第六》

危国无贤人，乱政无善人。

——《素书·安礼章第六》

柱弱者屋坏，辅弱者国倾。足寒伤心，人怨伤国。山将崩者下先隳，国将衰者人先弊。

——《素书·安礼章第六》

淮南子

[西汉]刘安

法生于义，义生于众适，众适合于人心，此治之要也。

——《淮南子·主术训》

治国有常，而利民为本。

——《淮南子·氾论训》

苟利于民，不必法古；苟周于事，不必循旧。

——《淮南子·氾论训》

举事以为人者，众助之；举事以自为者，众去之。

——《淮南子·兵略训》

故善用兵者，见敌之虚，乘而勿假也，追而勿舍也，迫而勿去也。击其犹犹，陵其与与，疾雷不及塞耳，疾霆不暇掩目。善用兵，若声之与响，若镗之与鞈，眯不给抚，呼不给吸。当此之时，仰不见天，俯不见地，手不麾戈，兵不尽拔，击之若雷，薄之若风，炎之若火，凌之若波。敌之静不知其所守，动不知其所为。故鼓鸣旗麾，当者莫不废滞崩阤，天下孰敢厉威抗节而当其前者！故凌人者胜，待人者败，为人杓者死。兵静则固，专一则威，分决则勇，心疑则北，力分则弱。故能分人之兵，疑人之心，则锱铢有余；不能分人之兵，疑人之心，则数倍不足。故纣之卒，百万之心；武王之卒，三千人皆专而一。故千人同心，则得千人力；万人异心，则无一人之用。将卒吏民，动静如身，乃可以应敌合战。故计定而发，分决而动，将无疑谋，卒无二心，动无堕容，口无虚言，事无尝试，应敌必敏，发动必亟。

——《淮南子·兵略训》

晚世之兵，君虽无道，莫不设渠堑，傅堞而守，攻者非以禁暴除害也，欲以侵地广壤也。是故至于伏尸流血，相支以日，而霸王之功不世出者，自为之故也。夫为地战，不能成其王；为身战者，不能立其功。举事以为人者，众助之；举事以自为者，众去之。众之所助，虽弱必强；众之所去，虽大必亡。兵失道而

弱，得道而强；将失道而拙，得道而工；国得道而存，失道而亡。所谓道者，体圆而法方，背阴而抱阳，左柔而右刚，履幽而戴明。变化无常，得一之原，以应无方，是谓神明。

——《淮南子·兵略训》

史记

[西汉]司马迁

法令所以导民也，刑罚所以禁奸也。

——《史记·循吏列传》

战国策

[西汉]刘向

法令至行，公正无私。

——《战国策·秦策》

说苑

[西汉]刘向

知为吏者奉法利民，不知为吏者枉法以害民。

——《说苑·政理》

食有劳而禄有功，使有能而赏必行罚必当。

——《说苑·政理》

大戴礼记

[西汉]戴德

学以深，厉以断，送迎必敬，上友下交，银手如断，是卜商之行也。孔子曰：『诗云「式夷式已，无小人殆。」而商也其可谓不险也。』贵之不喜，贱之不怒；苟于民利矣，廉于其事上也，以佐其下，是澹台灭明之行也。孔子曰：『独贵独富，君子耻之，夫也中之矣。』先成其虑，及事而用之，是故不忘，是言偃之行也。孔子曰：『欲能则学，欲知则问，欲善则讯，欲给则豫，当是如偃也得之矣。』独居思仁，公言言义；其闻之诗也，一日三复白圭之玷，是南宫绦之行也。夫子信其仁，以为异姓。

——《大戴礼记·卫将军文子》

礼记

[西汉]戴圣

大道之行也，与三代之英，丘未之逮也，而有志焉。大道之行也，天下为公。选贤与能，讲信修睦。故人不独亲其亲，不独

子其子。使老有所终，壮有所用，幼有所长，矜寡孤独废疾者，皆有所养。男有分，女有归。货，恶其弃于地也，不必藏于己；力，恶其不出于身也，不必为己。是故谋闭而不兴，盗窃而不作。故外户而不闭，是谓大同。

——《礼记·礼运篇》

古之欲明明德于天下者，先治其国；欲治其国者，先齐其家；欲齐其家者，先修其身；欲修其身者，先正其心；欲正其心者，先诚其意；欲诚其意者，先致其知；致知在格物。

——《礼记·大学》

物格而后知至；知至而后意诚；意诚而后心正；心正而后身修；身修而后家齐；家齐而后国治；国治而后天下平。

——《礼记·大学》

子曰：『好学近乎知，力行近乎仁，知耻近乎勇。』知斯三者，则知所以修身；知所以修身，则知所以治人；知所以治人，则知所以治天下国家矣。

——《礼记·中庸》

唯天下至诚，为能经纶天下之大经，立天下之大本，知天地之化育。

——《礼记·中庸》

论衡

［东汉］王充

知屋漏者在宇下，知政失者在草野，知经误者在诸子。

——《论衡·书解篇》

汉书

［东汉］班固

明慎所职，毋以身试法。

——《汉书·王尊传》

赏不避仇雠，诛不择骨肉。

——《汉书·东方朔传》

诛恶不避亲爱，举善不避仇雠。

——《汉书·谷永杜邺传》

功同赏异则劳臣疑，罪钧刑殊则百姓惑，信赏必罚，综核名实。

——《汉书·冯奉世传》

潜夫论

［东汉］王　符

夫富民者，以农桑为本，以游业为末；百工者，以致用为本，以巧饰为末；商贾者，以通货为本，以鬻奇为末：三者守本离末则民富，离本守末则民贫，贫则阨而忘善，富则乐而可教。教训者，以道义为本，以巧辩为末；辞语者，以信顺为本，以诡丽为末；列士者以孝悌为本，以交游为末；孝悌者，以致养为本，以华观为末；人臣者，以忠正为本，以媚爱为末：五者守本离末则仁义兴，离本守末则道德崩。慎本略末犹可也，舍本务末则恶矣。

——《潜夫论·务本》

夫帝王之所尊敬者，天也；皇天之所爱育者，人也。今人臣受君之重位，牧天之所爱，焉可以不安而利之，养而济之哉？是以君子任职则思利人，达上则思进贤，故居上而下不怨，在前而后不恨也。《书》称『天工人其代之』。王者法天而建官，故明

主不敢以私授，忠臣不敢以虚受。窃人之财犹谓之盗，况偷天官以私已乎！以罪犯人，必加诛罚，况乃犯天，得无咎乎？夫五代之臣，以道事君，泽及草木，仁被率土，是以福祚流衍，本支百世。季世之臣，以谄媚主，不思顺天，专杖杀伐。白起、蒙恬，秦以为功，天以为贼；息夫、董贤，主以为忠，天以为盗。《易》曰：『德薄而位尊，智小而谋大，鲜不及矣。』是故德不称，其祸必酷；能不称，其殃必大。夫窃位之人，天夺其鉴。虽有明察之资，仁义之志，一旦富贵，则背亲捐旧，丧其本心，疏骨肉而亲便辟，薄知友而厚犬马，宁见朽贯千万，而不忍贷人一钱，情知积粟腐仓，而不忍贷人一斗，骨肉怨望于家，细人谤讟于道。前人以败，后争袭之，诚可伤也。

——《潜夫论·卷三·忠贵》

国无常治，又无常乱，法令行则国治，法令驰则国乱。

——《潜夫论·述赦》

夫立法之大要，必令善人劝其德而乐其政，邪人痛其祸而悔其行。

——《潜夫论·断讼》

政令必行，宪禁必从。曲木恶直绳，重罚恶明证。

——《潜夫论·考绩》

为国者以富民为本，以正学为基。

——《潜夫论·务本》

世要论

［三国］桓　范

是以在上者，体人君之大德，怀恤下之小心；阐化立教，必以其道；发言则通四海，行政则动万物；虑之于心，思之于内；布之于天下，正身于庙堂之上，而化应于行里之外。

——《世要论·为君难》

夫治国之本有二，刑也，德也。二者相须而行，相待而成矣，天以阴、阳成岁，人以刑、德成治，故虽圣人为政，不能偏用也。

——《世要论·臣不易》

好战者亡，忘战者危，不好不忘，天下之王也。

——《世要论·兵要》

夫兵之要，在于修政；修政之要，在于得民心；得民心，在于利之；利之之要，在于仁以爱之，义以理之也。

——《世要论·兵要》

故兵之要在得众，得众者，善政之谓也；善政者，恤民之患，除民之害也。

——《世要论·兵要》

民心离散，素行豫败也。

——《世要论·兵要》

积无闻见，必至乱正。

——《世要论·决壅》

决壅之务，在于进下；进下之道，在于博听；博听之义，无贵贱同异，隶竖牧圉，皆得达焉。

——《世要论·决壅》

古今亡国多矣，皆由壅蔽于帷幄之内，沈溺于谄谀之言也。

——《世要论·决壅》

便宜十六策

[三国]诸葛亮

不患外不知内，惟患内不知外；不患下不知上，惟患上不知下；不患贱不知贵，惟患贵不知贱。

——《便宜十六策·察疑》

治人之道，谓道之风化，陈示所以也。

——《便宜十六策·治人》

举措之政，谓举直措诸枉也。

——《便宜十六策·举措》

夫治国犹于治身：治身之道，务在养神；治国之道，务在举贤；是以养神求生，举贤求安。

——《便宜十六策·举措》

故国之有辅，如屋之有柱；柱不可细，辅不可弱；柱细则害，辅弱则倾。

——《便宜十六策·举措》

天下归心，而不仁者远矣。

——《便宜十六策·举措》

夫国危不治，民不安居，此失贤之过也。夫失贤而不危，得贤而不安，未之有也。为人择官者，乱；为官择人者，治。

——《便宜十六策·举措》

明君治其纲纪，政治当有先后。先理纲，后理纪；先理令，后理罚。

——《便宜十六策·治乱》

理上则下正，理身则人敬，此乃治国之道也。

——《便宜十六策·治乱》

教令之政，谓上为下教也。

——《便宜十六策·教令》

非法不言，非道不行，上之所为，人之所瞻也。

——《便宜十六策·教令》

夫释己教人，是谓逆政；正己教人，是谓顺政。

——《便宜十六策·教令》

身不正则令不从，令不从则生变乱。

——《便宜十六策·教令》

大事起于难，小事起于易。

——《便宜十六策·思虑》

欲思其利，必虑其害；欲思其成，必虑其败。

——《便宜十六策·思虑》

仰高者不可忽其下，瞻前者不可忽其后。——《便宜十六策·思虑》

危生于安，亡生于存，乱生于治。——《便宜十六策·思虑》

外伤则内孤，上惑则下疑；疑则亲者不用，惑则视者失度；失度则乱谋，乱谋则国危，国危则不安。——《便宜十六策·阴察》

是以思者虑远，远虑者安，无虑者危。——《便宜十六策·阴察》

阿私乱言，偏听者生患。——《便宜十六策·阴察》

傅子

[晋]傅玄

有公心必有公道，有公道必有公制。——《傅子·通志》

政在去私，私不去则公道亡，公道亡则礼教无所立。——《傅子·问政》

三国志

[晋]陈寿

法立于上，教弘于下。——《三国志·魏书·钟会传》

可怀以德，难屈以力。——《三国志·魏书·三少帝纪》

天下犹人之体，腹心充实，四支虽病，终无大患。——《三国志·魏书·杜畿传》

民安土重迁，不可卒变，易以顺行，难以逆动。——《三国志·魏书·袁涣传》

尽忠益时者虽仇必赏，犯法怠慢者虽亲必罚。服罪输情者虽重必释，游辞巧饰者虽轻必戮。——《三国志·蜀书·诸葛亮传》

民者，国之根也，诚宜重其食，爱其命。——《三国志·吴书·骆统传》

然财须民生，强赖民力，威恃民势，福由民殖，德俟民茂，义以民行，六者既备，然后应天受祚，保族宜邦。——《三国志·吴书·骆统传》

赏善罚恶，威恩并行。——《三国志·吴书·周鲂传》

不以人所短，而弃其所长也。

——《三国志·吴书·诸葛恪传》

忠言逆耳，惟达者能受之。

——《三国志·吴书·孙奋传》

抱朴子

［晋］葛　洪

设若上无道栓，则下无守法。

——《抱朴子·判子》

艺文类聚

［唐］欧阳询

故治国无其法则乱，守法而不变则衰。

——《艺文类聚》

晋书

［唐］房玄龄

惩劝不明，则风俗污浊。

——《晋书·刘毅传》

唐律疏议

［唐］长孙无忌

惩其未犯，防其未然。警钟常鸣，心平则安。

——《唐律疏议》

臣轨

［唐］武则天

欲安其家，必先安于国。

——《臣轨上》

贞观政要

［唐］吴　兢

求木之长者，必固其根本；欲流之远者，必浚其泉源；思国之安者，必积其德义。

——《贞观政要·论君道》

赏不遗疏远，罚不阿亲贵。

——《贞观政要·论择官》

因其材以取之，审其能以任之，用其所长，掩其所短。

——《贞观政要·择官》

唯奉三尺之律，以绳四海之人。

——《贞观政要·仁义》

理国要道，在于公平正直。

——《贞观政要·论公平》

天论

［唐］刘禹锡

法大行，则是为公是，非为公非。

——《天论·上》

可行必守，有弊必除。

——《天论》

人能胜乎天者，法也。法大行，则是为公是，非为公非，天下之人蹈道必赏，违之必罚。

——《天论·上》

天之道在生植，其用在强弱。人之道在法制，其用在是非。

——《天论·上》

五代史

[宋]薛居正

不廉则无所不取，不耻而无所不为。人而如此，则祸败乱亡亦无所不至。

——《五代史·冯道论》

省心录

[宋]林逋

费千金为一瞬之乐，孰若散而活冻馁几千百人。处眇躯以广厦，何如庇寒士于一廛之地乎？

——《省心录》

范文正公文集

[宋]范仲淹

庆历四年春，滕子京谪守巴陵郡。越明年，政通人和，百废具兴。乃重修岳阳楼，增其旧制，刻唐贤今人诗赋于其上。属予作文以记之。

予观夫巴陵胜状，在洞庭一湖。衔远山，吞长江，浩浩汤汤，横无际涯；朝晖夕阴，气象万千。此则岳阳楼之大观也。前人之述备矣。然则北通巫峡，南极潇湘，迁客骚人，多会于此，览物之情，得无异乎？

若夫霪雨霏霏，连月不开，阴风怒号，浊浪排空；日星隐耀，山岳潜形；商旅不行，樯倾楫摧；薄暮冥冥，虎啸猿啼。登斯楼也，则有去国怀乡，忧谗畏讥，满目萧然，感极而悲者矣。

至若春和景明，波澜不惊，上下天光，一碧万顷；沙鸥翔集，锦鳞游泳；岸芷汀兰，郁郁青青。而或长烟一空，皓月千里，浮光跃金，静影沉璧，渔歌互答，此乐何极！登斯楼也，则有心旷神怡，宠辱偕忘，把酒临风，其喜洋洋者矣。

嗟夫！予尝求古仁人之心，或异二者之为，何哉？不以物喜，不以己悲；居庙堂之高则忧其民；处江湖之远则忧其君。是进亦忧，退亦忧。然则何时而乐耶？其必曰『先天下之忧而

忧，后天下之乐而乐』乎。噫！微斯人，吾谁与归？

——《岳阳楼记》

时六年九月十五日。

新唐书

[宋]宋祁 欧阳修

《书》称『明德慎罚』，『惟刑之恤』。《礼》曰：『为上易事，为下易知，则刑不烦。』『上多疑，则百姓惑；下难知，则君长劳。』夫上易事，下易知，君长不劳，百姓不惑，故君有一德，臣无二心。夫刑赏之本，在乎劝善而惩恶。帝王所与，天下画一，不以亲疏贵贱而轻重者也。今之刑赏，或由喜怒，或出好恶。喜则矜刑于法中，怒则求罪于律外；好则钻皮出羽，恶则洗垢索瘢。盖刑滥则小人道长，赏谬则君子道消。小人之恶不惩，君子之善不劝，而望治安刑措，非所闻也。且暇豫而言，皆敦尚孔、老；至于威怒，则专法申、韩。故道德之旨未弘，而锲薄之风先摇。昔州犁上下其手而楚法以敝，张汤轻重其心而汉刑以谬，况人主而

自高下乎！顷者罚人，或以供张不赡，或不能从欲，皆非致治之急也。夫贵不与骄期而骄自至，富不与奢期而奢自至，非徒语也。

——《新唐书·魏徵传》

资治通鉴

[宋]司马光

冬，十月，吐谷浑威王阿柴卒。阿柴有子二十人，疾病，召诸子弟谓之曰：『先公车骑，以大业之故，舍其子拾虔而授孤；孤敢私于纬代而忘先君之志乎！我死，汝曹当奉慕璝为主。』纬代者，阿柴之长子；慕璝者，阿柴之母弟、叔父乌纥提之子也。阿柴又命诸子各献一箭，取一箭授其弟慕利延使折之，慕利延折之；又取十九箭使折之，慕利延不能折。阿柴乃谕之曰：『汝曹知之乎？孤则易折，众则难摧。汝曹当戮力一心，然后可以保国宁家。』言终而卒。

——《资治通鉴·宋纪》

上不信下，下不信上；上下离心，以致于败。

——《资治通鉴·周纪》

苏轼集

［宋］苏轼

【赐新除中大夫守尚书右丞王存辞免恩命不允诏　元祐二年五月二十六日】

敕王存。朕历选百辟，试之以事，惇厚而文，刚毅而和，更涉变故，守德不移，无逾卿者。夫享天下之利者，任天下之患。居天下之乐者，同天下之忧。朕非以是富贵卿也，其何以辞。

——《苏轼集》第一〇九卷内制诏敕类文章

四书章句集注

［宋］朱熹

使民有常产者，又发政施仁之本也。

——《孟子集注》

国以民为本，社稷亦为民而立。

——《孟子集注》

君子宁亡己之财，而不忍伤民之力。

——《大学章句集注》

仁者以财发身，不仁者以身发财。发，犹起也。仁者散财以得民，不仁者亡身以殖货。未有上好仁而下不好义者也，未有好义其事不终者也，未有府库财非其财者也。上好仁以爱其下，则下好义以忠其上；所以事必有终，而府库之财无悖出之患也。

——《大学章句集注》

所谓平天下，在治其国者：上老老，而民兴孝；上长长，而民兴弟；上恤孤，而民不倍。是以君子有絜矩之道也。所恶于上毋以使下；所恶于下毋以事上；所恶于前，毋以先后；所恶于后，毋以从前；所恶于右，毋以交于左；所恶于左，毋以交于右。此视之为谓絜矩之道。《诗》云：『乐只君子，民为父母。』民之所好，好之；民之所恶，恶之。此之谓民之父母。《诗》云：『节彼南山，维石岩岩。赫赫师尹，民具尔瞻。』有国者不可以不慎。辟，则为天下僇矣。《诗》云：『殷之未丧师，克配上帝。仪监于殷，竣命不

易。』道得从则得国，失众则失国。

是故君子先慎乎德。有德此有人，有人此有土，有土此有财，有财此有用。德者，本也；财者，末也。外本内末，争民施夺。是故财聚则民散，财散则民聚。是故言悖而出者，亦悖而入；货悖而入者，亦悖而出。

《康诰》曰：『惟命不于常。』道善则得之，不善则失之矣。

《楚书》曰：『楚国无以为宝，惟善以为宝。』舅犯曰：『亡人无以为宝，仁亲以为宝。』

《秦誓》曰：『若有一个臣，断断兮，无他技，其心休休焉，其有容焉。人之有技，若己有之；人之彦圣，其心好之，不啻若自其中出。实能容之，以能保我子孙黎民，尚亦有利哉。人之有技，媢疾以恶之；人之彦圣，而违之俾不通：实不能容，以不能保我子孙黎民，亦曰殆哉。』唯仁人放流之，迸诸四夷，不与同中

国。此谓唯仁人为能爱人，能恶人。见贤而不能举，举而不能先，命也；见不善而不能退，退而不能远，过也。好人之所恶，恶人之所好，是谓拂人之性，灾必逮夫身。是故君子有大道，必忠信以得之，骄泰以失之。

生财有大道。生之者众，食之者寡，为之者疾，用之者舒，则财恒足矣。仁者以财发身，不仁者以身发财。未有上好仁，而下不好义者也；未有好义，其事不终者也；未有府库财，非其财者也。孟献之曰：『畜马乘，不察于鸡豚；伐冰之家，不畜牛羊；百乘之家，不畜聚敛之臣。与其有聚敛之臣，宁有盗臣。』此谓国不以利为利，以义为利也。长国家而务财用者，必自小人矣。彼为善之，小人之使为国家，灾害并至。虽有善者，亦无如之何矣！此谓国不以利为利，以义为利也。

——《大学章句集注》

风宪忠告

[元]张养浩

自律第一

士而律身，固不可以不严也，然有官守者，则当严于士焉；有言责者，又当严于有官守者焉。盖执法之臣将以纠奸绳恶以肃中外，以正纪纲，自律不严，何以服众？夫所谓严如处子之居室，一行一住一语一嘿必语礼法，厥德乃全；跬步有违，则人人得而訾之。苟挟权怙势，惟殖己私，或巧规子钱，或盗行盐帖，或荒耽曲蘖，或私用亲属，或田猎不时，或宴游无度，或潜托有司之事，或妄兴不急之工，或旷官第而弗居，或纵家人而不捡，于斯数者而有一焉，皆足为风宪之累。近年南北富民多起宅以居势要，因济己私，既有官舍，则不必居于彼矣。夫朝廷以中台为肃政，御史为监察，以宪司为廉访者，政欲弭奸贪，戢侵扰，开诚布公，俾所属知所法也，今而若是，牧民之吏将焉法哉？且他人有犯轻，则吾得而言之；己之所犯，其又重，吾得闻于上而僇之；己之所犯，其孰得而发哉？恃人不敢发，日甚一日，将如台察何？将如天理何？故余备载其然，俾为宪司者有则改之，无则益知所以自重。

示教第二

甚矣，人之不可无教也！生知如圣人，犹胥教诲，胥训告，况不能圣人万一者，可忽焉而不务哉？大抵常人之情，苟非其所惮，虽耳提面命，则亦不足发其良心。何则？非所素服素畏故也。今夫庶司之职，为众所畏服者莫如风宪，诚因监莅于彼，或始上之日会所属而朂之曰：『彼之官重者廷授，次者省授，又次则吏部授，大小虽殊，无非国家臣子。为人臣子，奸污不法，人孰汝容？夫纳贿营私，所得甚少，所丧甚多，与其事败治汝，曷若先事而教之为愈哉？吾之此言，虽曰薄汝，实厚汝也；虽若毒汝，实恩汝也。』苟能如是谕之，吾知退而必有率德改行，易

风宪忠告

自律第一

士之立身，固不可以不正，然有官守者，则尤甚于士焉；有言责者，又当甚于有官守者焉。盖执法之人[illegible]

[illegible]

示教第二

[illegible]

凶恶为善良者矣。且刑罚不足致治，教之而使不犯，为治之道莫尚焉。圣人谓『不教而杀谓之虐』；又闻治于未然者易，治于已然者难。近年刘伯宣为浙西宪使，疏真西山《守令四箴》播告所属，且曰：『近年执宪者惟知威人以刑，而不知诲人以善。』呜呼！刘公此言，可谓仁人君子深得风宪之体者矣。

询访第三

今为政者，往往以先入之言为主，非彼狃徇一偏，盖由不通上下之情故也。故通其情莫如悉心询访，小而一县一州，大而一郡一国，吏孰贪邪，官孰廉正，何事病众，何政利民，豪横有无，风俗厚薄，既得其凡，他日详加综核，复验以事，其孰得而隐哉？苟廉矣，即优之，礼貌之，荐举之，则善者劝矣。苟贪矣，虽极品之贵，即蔑之，威拒之，纠劾之，则为恶者惩矣。推而至于待士遇吏，亦莫不然。大抵一道之任，犹一家之务焉。善为家者，其子

弟族属下逮奴隶，其情性良否，皆所当知；一或不及，则将甘为所弄而不悟，久必致是非颠倒，以佞为忠，以贪为廉，以无能为有能，政令不行，而纪纲替矣。前辈有云：「为宰相不难，一心正两眼明足矣。」呜呼！彼长风宪者，其责任之重亦岂下夫宰相哉！若之何不以前辈之言为法。

按行第四

将家云：『多筭胜少筭，少筭胜无筭。』不特用兵为然，虽莅官临政，亦莫不尔。夫廉司所莅之处，一方官吏皆惕然不自安；其所不安者，由彼为恶日久，恐人有以发而讼之一旦故也。彼既内隐其恶，则必多方以求司官所亲之人而解之。夫司官所亲者，曰书吏焉，曰奏差焉，曰总领焉，曰祇候焉。夫为人弥缝私罪，则何求不得，何请不随。为司官者，苟不深防预备，严为禁切，万一连己，悔将何及。若乃司官廉正，犹或庶几；其或彼此

胥贪，弊将焉救？于是乎有箕敛者，有捆载者，有囊橐盈者，微至土地所宜，靡不搜刮。昔端州出佳砚，包孝肃公出判于彼，及其代也，徒手而归。李及知杭州，丝馈缕谒不逮门，由市白乐天文集，终身以为慊。古人持身之廉如此，况在风宪，其所行州郡，敢假分毫之物以自溷哉！大抵宪长得人，则司官不敢恣；司官得人，则书吏不敢恣。抑闻各道公讌，司官、书吏、奏差同堂而坐，喧哗笑谑，上下不分，所以致彼操纵自如，百无忌惮。谚谓：『廉访司，书吏之权。』迹此观之，信匪虚语。诚能设法以禁之，盛威以临之，小有所犯，即随以鞭扑，如此庶使精锐消沮，威福不张于外矣。凡初入风宪者，不可不知。

审录第五

《书》曰：『庶狱庶慎。』又曰：『非佞折狱，惟良折狱。』《易》谓：『君子明慎用刑，而不留狱。』呜呼！于以见圣人好生之心与天地等矣。夫饥寒切身，自非深知义理之人，不敢保其心之无他，况蚩蚩之氓，为守牧者教养之，不至穷而为盗，是岂得已哉。古人有以灼其然，故为制也恒宽而不亟促，恒哀矜而不忿疾。均之为盗也，而有长幼疏戚之分；均之为奸也，而有夫亡夫在之殊。有疾则医药之，疾革则释梏入人而侍之。夫彼冥迷凶险之徒既丽于理矣，何足缀意，而古人为制如此者，则其仁恕忠厚之情可见矣。昔欧阳公父治死囚之狱，求其生而不得，则掩卷而叹，其言曰：『夫常求其生，犹失之死，况世常求其死哉！』后之残忍者一切不务，而惟威刑之尚，谓其无茹冤而死者，吾不信也。夫莅官之法无他，口威心善而已矣。口威则欲其事集，心善则不欲轻易害物。况久系之囚，尤当示以慈祥，召之稍前，易其旧所隶卒吏，温以善色，使自陈颠末，情无所疑，然后参之以按。若据按以求其情，鲜有不误人者。盖州县无良吏，所

以不敢信其已具之文，毫厘或差，生死攸系。故圣人谓：『与其杀不辜，宁失不经。』又曰：『功疑惟重，罪疑惟轻。』论囚之道，尽于此矣。君子其慎诸。

荐举第六

夫士有公天下之心，然后能举天下之贤。盖天下之事，非一人所能周知，亦非一人所能独成，必兼收博采，治理可望焉。故前辈谓『报国莫如荐贤』，真知要之言哉！今夫富者之于家，有田焉，必求良农使之耕；有货焉，必求能商使之贾；有牛羊焉，必求善豢者使之牧。何则？盖彼拳拳于治家，故不得不求其人也。况受天下之寄，任天下之责者，乃不知求天下才共治之，岂其智之不若彼富者哉？由其为国之心未尝如其为家之心之切故也。于此有人焉，廉而且干，虽有不共戴天之仇，公论之下亦不得而掩焉。苟非其人，虽骨肉之亲，公论之下亦不得而私

焉。世常谓风宪非亲不保，非仇不弹；又有身为宪佐，风御史荐己就升者。呜呼，委以黜陟百官之权，授以仪表百司之职，乃不思报效，惟假之以行己私，人则受其欺矣，天地鬼神其受欺乎？大抵求而后举，不若不求而举之；为公识而后荐，不若采之舆议之为博。夫已不求贤，必使人之求己者，皆非也。盖求则不必举，举则不必识矣。故古人有闻而举者，有见而举者，有举仇者，有举亲者，有集为簿者，有拜其剡者，有书之夹袋者，虽其举不一，要极于公当无私而已。於戏！诚如是，则为相为风宪者安有临事乏才之叹。

纠弹第七

夫台宪之职，无内外远迩之分，凡有所知，皆得尽言以闻于上。虽在外，苟知居中非人，纠而言之，可也。虽在内，苟知外官者不法，纠而言之，亦可也。大率惟务尽公无私，斯得之矣。夫

人之仕也，有贵近焉，有疏远焉，贵近者不少贷，则位卑而罪微者不待劾而艾矣。故前辈谓『豺狼当道，安问狐狸』，亦此义也。切尝谓荐举之体则宜先小官，纠弹之体则宜先贵官，然又当审其素行为君子为小人。如诚小人，虽有所长，亦不必举。何则？其平日不善者多也。况刑宪本以待小人，君子之过苟不至甚，殆不宜轻易加之，使数十年作养之功扫地于一旦也。盖人才难得，全才为尤难得。昔赵清献公在言路，弹劾不避权贵，京师号为铁面御史。尝欲朝廷别白君子小人，其言曰：『小人虽有小过，当力排绝之，后乃无患；君子不幸而有诖误，则当为国家保持爱护，以全其德。』於戏！赵公之言可谓深识远虑，真知大体之论矣。故余表而出之，以为当路者楷式。

奏对第八

中外之官，莫难于风宪，莫危于风宪。曷谓难？人所趋者不敢趋，人所乐者不敢乐，人所私者不敢私，所谓峣峣者易缺，皦皦者易污，非难而何。曷谓危？入焉与天子争是非，出焉与大臣辨可否，至于发人之奸，贬人之爵，夺人之官，甚则罪人于死地，一或不察，反以为辜，则终身无所于诉，非危而何。然君子居其官，则思尽其职，所谓危且难者，固有所不避焉，竭忠吐诚，置死生祸福于度外，庶上不负国，下不负所学。其或奏对于殿廷之上，平心易气，惟事之陈。理诚直，虽从容宛转而亦直；理诚屈，虽抗厉激切而亦屈。夫悻悻其辞色，非惟有失事上之体，而于己于事悉无所益。古之攀阑断鞅，曳裾轫轮者，皆势危事迫不得已而为之；苟事不至是，殆不可执以为法。前辈谓：『慷慨杀身者易，从容就义者难。』体此而行，则蔑有不从者矣。

临难第九

夫人臣而当国家言责之任，刑辱之事不敢必其无有，要在顺

处静伺，以理胜之而已。若乃求哀乞怜，惴詟无所，已先挠矣，何以自明？夫尽己之职，为国为民而得罪，君子不以为辱，而以为荣，虽缧绁之，荆楚之，斧钺之，庸何愧哉！历观自古处祸患而不乱者，三代而下如子路之结缨，宜僚之正色，王景文之与客弈棋，刘禕之自书谢表，魏元忠之闻赦不动，是皆有以真知义命所在，非区区人力所得而移也。然士君子平昔所养其情与伪，于焉可以见之。李斯临刑，父子相泣；杨子云被收，投阁几死；王坦之与谢安齐名，桓温来朝，倒执手板；崔浩自比子房，为辨史事，声嘶股栗，便溺不能隐；此可见彼惟事名耳，而于圣贤性命之学实未尝得诸心也。善乎韩文公之言曰：『儒者之于患难，苟非其自取之，其拒而不受于怀也，若筑河堤以障屋，溜其容而消之也；若水之于海，冰之于夏，日其玩而忘之以文辞也；若奏金石以破蟋蟀之鸣。』故君子之学，以明理自信为贵。

官箴四部

全节第十

人之有死，犹昼之必夜，暑之必寒，古今常理，不足深讶。第为子死于孝，为臣死于忠，则其为死也大，身虽没而名不没焉。太史公谓：『死有重于泰山，有轻于鸿毛。』非其义则不死，所谓『重于泰山』者；如其义则一切无所顾，所谓『轻于鸿毛』也。呜呼！夫人以眇焉之身，倏耳之年，使之嵩华耸而星日揭者，非节义能尔耶？况人之贵贱寿夭，天所素定，而谓附此人则得官，违此人则失官，言事则身危，不言则身无所患，此世俗无知者所见，士君子岂以是为取舍哉！然正直亦有时而被祸者，君子以为不幸；奸邪亦有时而蒙福者，君子以为幸。一以为幸，一以为不幸，则其是非荣辱不待别而可知矣。故节义者，天下之大闲，臣子之盛德。不荡于富贵，不蹙于贫贱，不摇于威武，道之所在，死生以之。彼依阿淟涊枉己徇人者，所谓无关得丧，徒缺雅

道，政使获荣宠于一时，迨夫势移事易，其前日之荣电灭风休，漠无踪迹，其昭昭在人耳目者，奸佞之名，千古犹一日，其为辱也，庸有既乎。呜呼！宁为此而死，不为彼而生，以是处心，庶无愧于古人矣！

——《风宪忠告》

庙堂忠告

［元］张养浩

用贤第二

天子之职，莫重择相；宰相之职，莫重用贤。然则何以知其贤？询诸人则知之，察其行则知之，观所举则知之。夫为室而不众工之资，梓人虽巧，室不能成矣。为国家而不众贤之集，相臣虽才，国不治矣。彼为相者，诚能开诚布公，廓焉无我，己有不能，举能者而用之，己有不知，举知者而用之，己有不敢言，举敢言者而用之，如是则彼之所能皆我有矣。必欲一身而兼众人之事，虽大圣大贤有所不能。夫粹白之狐，举世无所有也，然而有粹白之裘者，善取于众而已矣。况大臣初不贵乎事无不知，第

公正其心，无所媢疾，则智者效谋，勇者效力。呫呫以为才，捷捷以为辩，自炫自伐，则贤者必不乐为之用。大抵人君自伐，则臣职有所不行；相臣自伐，则百执事之职有所不行。为人上者，操约以驭繁，居静以制动，以无心而应天下之心，则所令者从，所庸者劝。苟知其贤而任之，既任而疑之，而务胜之，顾与不知不用，自任其才也奚异？若然，则体统失，而谄佞之小人至矣。与小人处，则天下之事不论可知吁！

重民第三

盖闻古之王者，授版则拜，切意万乘之尊为其民贬抑若是，尝疑焉而不取。既而思之，国之所以昌，四夷之所以靖，朝廷之所以隆，宗庙社稷所以血食悠久者，微民不能尔也。夫天以亿兆之命托之君，君以亿兆之命托之相，是知相也者，为君父民者也，

君也者，为天为祖宗保民者也。天以是托我，祖宗以是托我，敢不敬与，敢不慎与。苟受其托而不能使之遂生安业，乃从而扰之，虐之，犬彘之，草菅之，则是逆天而违祖宗之命，以自戕其国也，而可乎？彼为民者，固不敢与校，然于天之心，于祖宗之心，其能无所戚欤？尝谓爱民者无过于天，无过于祖宗，天生之难，祖宗得之为尤难。王者知其如是，凛凛焉未尝不以民生为重，闻其害则除之，覩其利则举之，牧守非其人则易置之。今夫鹰师、围人，所掌者不过人主服御之一物，而人尚以内侍重之，刺史、县令乃为祖宗为国家牧养斯民者，反视为不切而漫畀之，是爱民不如鹰犬，重内侍不如受祖宗国家一方生灵之寄者，岂不颠倒失体哉？大抵下之所以为，惟上是视，在上者诚有重民之心，而天下不治者，古今无有也。

远虑第四

天下之事，知其已然，不知其将然者，众人也。因其已然，而将然未然逆而知之，非深识远虑者不能。室已焚而徙薪，舟已溺而市壶，疾已成而求艾，虽殚力为之，无及矣。今夫隆然之堤有容蚁之穴，宜若无所损，然周于识者必塞而实之，虑其久而必底於讧溃故也。天下之事皆能如是虑之，尚何后患之有哉！大抵自古国家之所以不治，臣子之所以不轨，固非一朝一夕之积，良由今日以某事为小过而不谏，明日以某人为小罪而不惩，日引月深，不自知其祸乱之成也。故臣之于君，献可替否而不敢萌一毫姑息之心。始以为无伤，卒至大可伤；始以为不足虑，卒至深可虑。惟君子为能见微知著，思患而预防之：于饮宴则防流连，于田猎则防荒纵，于营缮则防逾制，于货财则防损民，于爵赏则防僭及，于刑法则防滥杀，于君子则防疏远，于小人则防玩狎，

于听览则防容奸，于征伐则防渎武。夫君之于臣，亦有所当远虑者：虽爱而不锡以过分之赏，虽旧而不授以非据之官，虽亲而不交以亵渎之谈。盖尊卑之分严，则上下之体定；上下之体定，则祸乱无自而生，天下之事可次第而治矣。

调燮第五

人皆曰燮理阴阳为宰相事，然举世第能道其辞，迄不知阴阳何术可以燮理。按《书·周官》：『三公论道经邦，燮理阴阳。』盖周之三公即今宰辅。而汉丞相平亦曰：『宰相上佐天子，理阴阳，顺四时。』厥后又有灾异免三公之制。世俗所云，盖本诸此。切尝即是以思，宰相所以调燮者，非能旱焉而使之雨，雨焉而使之暘，要不越尽人事以来天地之和而已矣。夫天之与人若判然，而实相表里。盖政事顺则民心顺，民心顺则天地之气顺，天地之气顺则阴阳从而序矣。若迺怙势立威，挟权纵欲，恶人异

己，谄佞是亲，于所言者不言，于所救者不救，上下相蒙，惟务从命，如此欲望民心顺、阴阳之气和，难矣。大抵天道之灾祥视民心之苦乐，民心之苦乐视政事之失得，政事之失得视宰相之贤与不贤。昔丙吉舍死人问牛喘，自以为得体，殊不知天道逆顺当于政事观之，固不在区区一牛之喘与否也。晋庾冰为相，或谓天文错度宜尽消御之道，冰曰：『玄象岂吾所测，正当勤尽人事。』冰之此言，可谓简明切要，深得宰相之体者矣。苟政事修整，虽阴阳之和不应，乃天道之变也，又何慊焉？苟政事庞焉棼焉而不理，虽祯祥集而风雨时，若顾敢以为治乎？呜呼！凡为相者，诚能以是求之，则天人之理了然矣。

任怨第六

夫为人臣惟欲收名，而不敢任怨，此不忠之尤者也。居庙堂之上，凡有所为，惟当揆之以义，义苟不失，悠悠之言奚恤哉！

今夫两军之交，兵刃从前，而心诚报国者尚冒之而不顾，夫临政之与临敌，其安危利害相距霄壤，此犹顾惜，抑不知于万死一生之际为何如？昔范文正公患诸路监司非人，视选簿有不可者，辄笔勾之。或谓：『一笔退一人，则是一家哭矣。』公曰：『一家哭其如一路何？』呜呼！如是处心，斯不负宰相之职矣。大抵天下之事有易有难，有利有害，难而有害者人多辞避，利而易行者人多忻然以为，殊不知官有长佐之分，体有劳逸之殊，长者逸而佐者劳，此天地之大义也。以朝廷言之，君上逸而臣下劳；以一家言之，父母逸而子弟劳；以一身言之，头目逸而手足劳。呜呼！人而知此者，必不遗君父以忧，措其长于众怨之地矣。近代为执政者，往往姑息好名，一疾言厉色不敢加于人，事或犯众，激使居己之右者发之。呜呼！夫治家而使父母任其劳，为国家而使君长任其怨，尚得为忠孝乎哉？况有罪不责，有善不旌，虽三代不能为治。故刑罚不患于用直，患乎用之而不公。昔威公夺伯氏骈邑三百，没齿而无怨言；诸葛孔明废廖立，而立闻亮死辄泣下；为宰相诚能公其心如是，则天下蔑有不服者矣。

分谤第七

夫共署联事，一人努力而前，则余者皆当辅相以成其志。苟彼前我却，彼行我止，动焉而不相随，语焉而不相应，则事功之成者能几？此古人所以有推车同舟之喻也。其或共舟以济，而一人溺焉，则凡在舟者无论疏戚，所宜并力以救之，此贤不肖之所共知也。况同为臣子，同受天下国家之寄者，可坐视一人被祸而不恤哉？使其为一己之私自贻伊戚，固无足恤。其或知无不言，言无不尽，公家之务一以大公至正处之，彼非为己为家而得罪，则凡同官者安得不挺身而前，与之共难也哉？大抵一人不

幸而得罪，为长者若曰『此我之罪』，为贰者亦曰『此我之罪』，使阖堂之人皆争引为己罪，则彼获罪者虽不能释，亦必不至于重论矣。古之敢于谏争者，其遇不见听纳，至谓『与其杀此人，不若杀臣』，尚为如此求解，其肯坐视同官宽抑而不省哉？呜呼！使分谤引咎之事为宰相者诚能力行于今，将见士大夫之名节愈厉，民间之薄俗可敦，而国家他日亦不患其无仗义死节之士矣。一事之行，所系如此，孰谓任怨分谤为宰相细行哉？

应变第八

事机之发，有常有变，常者中人处之而有余，变者虽上智亦有所不足。樽俎之下卒然而报兵，遽然而闻寇，则当详其虚实，度其逆顺，殆不可一闻其言辄仓皇上变，徵发百出，未见敌而先自挠也。且事固有声虚以钓实，乘间以拘利，传微为巨，以无形为有形，疑似之间，不可不察。若夫国有大奸，境有大敌，彼既非常，而吾则以非常之计备之。若乃泥文守经，终见动辄有碍，而事亦无所济矣。故古人遇此，权以济才，随宜应变，如丸转于盘而不出于盘，如水委曲赴海而不悖于海。王商闻大水之言，君臣皆惊，而商独必其无事。桓温将移晋祚，声诛王、谢，而谢安雍容谈笑以折其锋。回纥、吐蕃合兵泾阳，郭子仪单骑以往喻。盖宰相者，非常之任也，居非常之任独不能为非常之事，可乎？故前辈谓：「镇定大事，非至公血诚不能。或死或生，举置度外。」呜呼！世常以大臣国家柱石者，其谓兹与！

献纳第九

人臣之纳言于君也，事未然而言之，则十从八九。无事则游畋般乐，日相亲比，一旦有所不可，乃左遮右挽，极其力以救之，殆未见其济者；政使或允，亦必出于勉强，而非其本心。若夫善于纳言者则不然，或因进见，或因讲读，或因燕居，先事陈说如

是则国安，如是则国危，如是则为圣君，如是则为暴主，或引古昔，或援祖宗，必使之心悟神会，表里耸然，乃可陈善，而无扞格之患。昔孟子三见齐王而不言事，曰：『我先攻其邪心。』大臣事君，职当如此。古人甚至有难于自言者，往往旁召耆年宿德，置诸左右，使人君有所畏惮而不敢恣，则其为虑亦深远矣。虽然，臣之于君也，入则恳恳以尽忠，出则谦谦以自悔，凡所白于上者，不可泄于外而伐诸人，善则归君，过则归己。其若是者，非欲远嫌避祸，大臣之体所当然也。坤之六三「含章可贞」，盖亦此意。尝见近代执政有所建白，呶呶焉惟恐人之不知，卒至谗谮乘之，中途见弃。《易·大系》所谓『君不密则失臣，臣不密则失身』，谅哉！

退休第十

博施兼善，士君子通愿也。然有志而无才则不能，有才而无

位则不能，有位而不见知于上则不能；见知矣，而小人间之则不能。呜呼，此士夫所以出而用世之难也！上焉耻其君不及尧舜，下焉思一夫不被其泽，若己推而纳诸沟中。世俗所乐，若声色，若宫室，若珍异、车服之奉，一皆无有。其所有者，自顶至踵，天下国家之忧而已。为君上者，诚能亮其如是之怀，凡有所言，优容喜纳，犹或庶几；其或疑其夺权违己，卖直售名，将见举动皆愆，而身死无所矣。所以自古忠直为国者少，阿容佞诈惟己之为者多，此无他，盖由为己则有福而无祸，为国则有祸而无福故也。呜呼！人君能以是思之，则凡尽忠于我者，万不至于谴责矣。虽然圣人谓『道合则服从，不可则去』，为人臣者亦当烛几先见，退身于未辱之前，庶几君臣之间两无所慊。尝见前代为臣不免者，大率皆由知进而不知退，恋慕荣宠以致之，殆不宜独咎国家也。或谓不可则去，无乃于君臣之间太薄。窃谓君臣以义

合者也，其所以合者，非华其爵也，非利其禄也，不过欲行其道而已矣。道行则从而留，道不行则从而去，不使久而至于厌鄙诛窜之地，乃所以厚君臣之分也，奚薄焉。

——《庙堂忠告》

[元]脱　脱

宋史

又奏九江守何炳年老不足备风寒，事寝不行。范再奏曰：『一守臣之未罢其事小，台谏之言不行其事大。阻台谏之言犹可也，至于陛下之旨匿而不行，此岂励精亲政之时所宜有哉！』丞相郑清之见之大怒，五上章丐去，有『危机将发，朋比祸作』之语；且谓范顺承风旨，粉饰挤陷。范遂自劾，言：『宰相之与台谏，官有尊卑而事关一体，但当同心为国，岂容以私而害公。行之者宰相，言之者台谏。行之者岂尽合于事宜，言之者或未免于攻讦，清明之朝，此特常事。古者大臣欲扶持纪纲，故必崇奖台谏，闻有因言而待罪者矣，未闻有讳言而含怒者也。曩者柄臣

所用台谏，必其私人，陛下更新庶政，而台谏皆出于亲擢。若庙堂不欲臣言其亲故，钳其口，夺其气，则与曩者之用私人何以异？不知所谓「承顺风旨」者何人？「粉饰挤陷」者何事？乞检臣前奏，赐之罢黜，以从臣退安田里之欲。』

——《宋史·杜范传》

政纲虽举，必求益其所未至；德泽虽布，必思及其所未周。

——《宋史·薛极传》

包拯，字希仁，庐州合肥人也。始举进士，除大理评事，出知建昌县。以父母皆老，辞不就。得监和州税，父母又不欲行，拯即解官归养。后数年，亲继亡，拯庐墓终丧，犹裴徊不忍去，里中父老数来劝勉。久之，赴调，知天长县。有盗割人牛舌者，主来诉。拯曰：『第归，杀而鬻之。』寻复有来告私杀牛者，拯曰：『何为割牛舌而又告之？』盗惊服。徙知端州，迁殿中丞。端土产砚，前守缘责，率取数十倍以遗权贵；拯命制者才足贡数。

岁满，不持一砚归。

寻拜监察御史里行，改监察御史。时张尧佐除节度、宣徽两使，右司谏张择行、唐介与拯共论之，语甚切。又尝建言曰：『国家岁赂契丹，非御戎之策。宜练兵选将，务实边备。』又请重门下封驳之制，及废锢赃吏，选守宰，行考试补荫弟子之法。当时诸道转运加按察使，其奏劾官吏多摭细故，务苛察相高尚，吏不自安，拯于是请罢按察使。

去使契丹，契丹令典客谓拯曰：『雄州新开便门，乃欲诱我叛人，以刺疆事耶？』拯曰：涿州亦尝开门矣，刺疆事何必开便门哉？』其人遂无以对。

历三司户部判官，出为京东转运使，改尚书工部员外郎、直集贤院，徙陕西，又徙河北，入为三司户部副使。秦陇斜谷务造船材木，率课取于民；又七州出赋河桥竹索，恒数十万，拯皆奏罢之。契丹聚兵近塞，边郡稍警，命拯往河北调发军食。拯曰：『漳河沃壤，人不得耕，刑、洺、赵三州民田万五千顷，率用牧马，请悉以赋民。』从之。解州盐法率病民，拯往经度之，请一切通商贩。除天章阁待制、知谏院。数论斥权幸大臣，请罢一切内除曲恩。又列上唐魏郑公三疏，愿置之坐右，以为龟鉴。又上言天子当明听纳，辨朋党，惜人才，不主先入之说，凡七事；请去刻薄，抑侥幸，正刑明禁，戒兴作，禁妖妄。朝廷多施行之。除龙图阁直学士、河北都转运使。尝建议无事时徙兵内地，不报。至是，请：『罢河北屯兵，分之河南兖、郓、齐、濮、曹、济诸郡，设有警，无后期之忧。借曰戍兵不可遽减，请训练义勇，少给糇粮，每岁之费，不当屯兵一月之用，一州之赋，则所给者多矣。』不报。徙知瀛州，诸州以公钱贸易，积岁所负十余万，悉奏除之。以丧子乞便郡，知扬州，徙庐州，迁刑部郎中。坐失保任，左授兵

部员外郎、知池州。复官，徙江宁府，召权知开封府，迁右司郎中。

拯立朝刚毅，贵戚宦官为之敛手，闻者皆惮之。人以包拯笑比黄河清，童稚妇女，亦知其名，呼曰『包待制』。京师为之语曰：『关节不到，有阎罗包老。』旧制，凡讼诉不得径造庭下。拯开正门，使得至前陈曲直，吏不敢欺。中官势族筑园榭，侵惠民河，以故河塞不通，适京师大水，拯乃悉毁去。或持地券自言有伪增步数者，皆审验劾奏之。

迁谏议大夫、权御史中丞。奏曰：『东宫虚位日久，天下以为忧，陛下持久不决，何也？』仁宗曰：『卿欲谁立？』拯曰：『臣不才备位，乞豫建太子者，为宗庙万世计也。陛下问臣欲谁立，是疑臣也。臣年七十，且无子，非邀福者。』帝喜曰：『徐当议之。』请裁抑内侍，减节冗费，条责诸路监司，御史府得自举属官，减一岁休暇日，事皆施行。

张方平为三司使，坐买豪民产，拯劾奏罢之；而宋祁代方平，拯又论之；祁罢，而拯以枢密直学士权三司使。欧阳修言：『拯所谓牵牛蹊田而夺之牛，罚已重矣，又贪其富，不亦甚乎！』拯因家居避命，久之乃出。其在三司，凡诸管库供上物，旧皆科率外郡，积以困民。拯特为置场和市，民得无扰。吏负钱帛多缧系，间辄逃去，并械其妻子者，类皆释之。迁给事中，为三司使。数日，拜枢密副使。顷之，迁礼部侍郎，辞不受，寻以疾卒，年六十四。赠礼部尚书，谥孝肃。

拯性峭直，恶吏苛刻，务敦厚，虽甚嫉恶，而未尝不推以忠恕也。与人不苟合，不伪辞色悦人，平居无私书，故人、亲党皆绝之。虽贵，衣服、器用、饮食如布衣时。尝曰：『后世子孙仕宦，有犯赃者，不得放归本家，死不得葬大茔中。不从吾志，非吾

子若孙也。』初，有子名繶，娶崔氏，通判潭州，卒。崔守死，不更嫁。拯尝出其媵，在父母家生子，崔密抚其母，使谨视之。繶死后，取媵子归，名曰綖。有奏议十五卷。

——《宋史·第三一六卷·包拯传》

从政录

[明]薛　瑄

孔子曰：『不患无位，患所以立。』惟亲历者知其味。余忝清要，日夜思念，于职事万无一尽，况敢恣肆于礼法之外乎？

程子书『视民如伤』四字于座侧，余每欲责人，尝念此意而不敢忽。

凡国家礼文制度法律条例之类，皆能熟视而深考之，则有以酬应世务而合乎时宜。

作官者于愚夫愚妇，皆当敬以临之，不可忽也。

学者大病在行不著，习不察，故事理不能合一。处事即求合

一，处事即求合理，则行著习察矣。

处事最当熟思缓处。熟思则得其情，缓处则得其当。

一字不可轻与人，一言不可轻许人，一笑不可轻假人。

至诚以感人，犹有不服，况设诈以行之乎？

防小人密于自修。

事最不可轻忽，虽至微至易者，皆当以慎重处之。

丙吉深厚不伐，张安世谨慎周密，皆可为人臣之法。

论万事皆当以三纲五常为本。学者之所讲明践履，仕者之所表倡推明，皆当以三纲五常为本。舍此则学非所学，仕非所仕也。

接物太宜含弘，如行旷野，而有展布之地，不然太狭，而无以自容矣。

左右之言不可轻信，必审是实。

为政通下情为急。

爱民而民不亲者，皆爱之未至也。《书》曰：『如保赤子』。诚能以保赤子之心爱民，则民岂有不亲者哉？

正以处心，廉以律己，忠以事君，恭以事长，信以接物，宽以待下，敬以处事，此居官之七要也。

士之气节，全在上之人奖激，则气节盛。苟乐软熟之士，而恶刚正之人，则人务容身，而气节消矣。

为官者切不可厌烦恶事，坐视民之冤抑，一切不理，曰：『我务省事。』则民不得其死者多矣，可不戒哉！

作一事不可苟。

必能忍人不能忍之触忤，斯能为人不能主之事功。

与人言宜和气从容，气忿则不平，色厉则取怨。

处人之难处者，正不必厉声色与之辩是非，较长短，惟谨于自修，愈谦愈约，彼将自服。不服者妄人也，又何较焉？

为官最宜安重。下所瞻仰，一言不当，殊愧之。

张文忠公曰：『左右非公故勿与语。』予深体此言，吏卒辈，不严而慄然也。

待下固当谦和，谦和而无节，及纳其悔，所谓重巽吝也。惟和而庄，则人自爱而畏。

慎动当先慎其几于心，次当慎言慎行慎作事，皆慎动也。

闻人毁己而怒，则誉己者至矣。

法立贵乎必行，立而不行，徒为虚文，适足以启下人之玩而已，故论事当永终知弊。

为人不能尽人道，为官不能尽官道，是吾所忧也。

使民如承大祭，然则为政临民，岂可视民为愚且贱，而加慢易之心哉？

处事了，不形之于言犹妙。

尝见人寻常处置得宜者，数数为人言之，陋亦甚矣。古人功满天地，德冠人群，视之若无者，分定故也。

如治小人宽平，自在从容以处之，事已绝口不言，则小人无所闻以发其怒矣。

胆欲大，见义勇为；心欲小，文理密察；智欲圆，应物无滞；行欲方，截然有执。

事事不放过，而皆欲合理，则积久而业广矣。

养民生，复民性，禁民非，治天下之三要。

治狱有四要：公慈明刚。公则不偏，慈则不刻，明则能照，刚则能断。

大丈夫以正大立心，以光明行事，终不为邪小所惑而易其所守。

疾恶之心固不可无，然当宽心缓思可去与否，审度时宜而处之，斯无悔。切不可闻恶遽怒，先自焚挠，纵使即能去恶，己亦病矣。况伤于急暴，而有过中失宜之弊乎？经曰：『忽忿疾于顽。』孔子曰：『肤受之愬，不行焉。』皆当深味。

轻与必滥取，易信必易疑。

韩魏公、范文正诸公，皆一片忠诚为国之心，故其事业显著，而名望孚动于天下。后世之人，以私意小智自持其身，而欲事业名誉比拟前贤，难矣哉！

成王问史佚曰：『何德而民亲上？』史佚曰：『使之以时，而敬顺之，忠而爱之，布令领信而食言，如临深渊，如履薄冰。』此名言也！

以己之廉，病人之贪，取怨之道也。

作事只是求心安而已，然理明则知其可安者安之，理未明则

以不当安者为安矣。

圣人为治，纯用德，而以刑辅之，后人则纯用法术而已。以其能治不能，以其贤治不贤，设官之本意不过如此，有官威剥民以自奉者，果何心哉？

去弊当治其本。本未治而徒去其末，虽众人之所暂快，亦贤知之所深虑矣。

人皆妄意于名位之显荣，而固有之善，则无一念之及，其不知类也甚矣。

机事不密则害成，《易》之大戒也！

为善勿怠，去恶勿疑。

恭而不近于谀，和而不至于流，事上处众之道。

世之廉者有三：有见理明而不妄取者，有尚名节而不苟取者，有畏法律保禄位而不敢取者。见理明而不妄取，无所为而然，上也；尚名节而不苟取，狷介之士，其次也；畏法律保禄位而不敢取，则勉强而然，斯又为次也。

一毫省察不至，即处事失宜，而悔吝随之，不可不慎。

处事当沈重详细坚正，不可轻忽忽略，故《易》多言『利艰贞。』盖艰贞则不敢轻忽，而必以其正，所以吉也。

天下大虑，惟下情不通为可虑。昔人所谓下有危亡之势，而上不知是也。

不欺君，不卖法，不害民，此作官持己之三要也。

人遇拂乱之事，愈当动心忍性，增益其所不能。所行有窒碍处，必思有以通之，则智益明。

下民之冤抑不伸者，由长人者之非其人也。

不虐无告，不废困穷，圣人之仁也。

一命之士，苟存心于爱物，必有所济，盖天下事莫非分所当

为，凡事苟可用力者，无不尽心其间，则民之受惠者多矣。

勿以小事而忽之，大小必求合义。

临属官，公事外不可泛及他事。

无轻民事惟难，无安厥位惟危，岂惟为人君当然哉？凡为人臣者，亦当守此，以为爱民保已之法也。

王伯之分，正在不谋利、不计功与谋利计功之分。

处事识为先，断次之。

作官常知不能尽其职，则过人远矣。

孔子曰：『死生有命，富贵在天。』是皆一定之理。君子知之，故行义以俟命；小人不知，故行险以侥幸。

法者辅治之具，当以教化为先。

止末作，禁游民，所以敦财利之源；省妄费，去冗食，所以裕财利之用。

《春秋》最重民力，凡有兴作，小大必书，圣人仁民之意深矣。

凡事分所当为，不可有一毫矜伐之意。

伊傅周召，王佐事业大矣，自其心观之，则若浮云之漠然，无所动其心。

清心省事，为官切要，且有无限之乐。

犯而不较最省事。

人好静而扰之不已，恐非为政之道。

名节大事，不可妄交非类，以坏名节。

守官最宜简外事，少接人，谨言语。

与人居官者言，当使有益于其身，有益及于人。

天之道，公而已。圣人法天为治，一出于天道之公，此王道之所以为大也。

霍光小心谨慎，沉静详审，可以为人臣之法。

亦有小廉曲谨，而不能有为，于事终无益。

凡事皆当推功让能于人，不可有一毫自得自能之意。

大臣行事，当远虑后来之患，虽小事不可启其端。

虽细事亦当以难处之，不可忽，况大事乎？

所谓王道者，真实爱民如子，孟子所谓『老吾老，以及人之老，幼吾幼，以及人之幼。』上以是施之，则民爱之如父母者，有必然矣。

民不习教化，但知有刑政，风俗难乎其淳矣。

惠虽不能周于人，而心当常存于厚。

孔子曰：『斯民也，三代直道而行也。』是则三代之治，后世必可复。

唐郭子仪竭忠诚以事君，故君心无所疑。以厚德不露圭角

处小人，故谗邪莫能害。

处大事贵乎明而能断，不明固无以知事之当断，然明而不断，亦不免于后艰矣。

圣贤成大事业者，从战战兢兢之小心来。

好善优于天下，若自用已能，恶闻人善，何以成事功？

对人子民之心，无时而忘。

于人之微贱，皆当以诚待之，不可忽慢。

为治舍王道，即是霸道之卑陋圣贤，宁终身不遇孔孟，不自贬以徇时者，为是故也。

《书》言：『罚弗及嗣，赏延于世。』此圣人之仁心也。故赏当过于厚，而刑不过于滥。

出处去就，士君子之大节，不可不谨。《礼》曰：『进以礼，退以义。』孔子曰：『有命。』孟子不见诸侯，尤详于进退之道。

故出处去就之节不可不谨。

——《从政录》

呻吟语

[明]吕坤

一　庙堂之上以养正气为先，海宇之内以养元气为本。能使贤人君子无郁心之言，则正气培矣；能使群黎百姓无腹诽之语，则元气固矣。此万世帝王保天下之要道也。

二　六合之内，有一事一物相凌夺假借而不各居其正位，不成清世界；有匹夫匹妇冤抑愤懑而不得其分愿，不成平世界。

三　天下万事万物皆要求个实用。实用者与吾身心关损益者也。凡一切不急之物，供耳目之玩好，皆非实用也，愚者甚至丧其实用以求无用。悲夫！是故明君治天下，必先尽革靡文而严诛淫巧。

四　当事者若执一簿书寻故事，循弊规，只用积年书手也得。

五　兴利无太急，要左视右盼；革弊无太骤，要长虑却顾。

六　苟可以柔道，理不必悖直也；苟可以无为，理不必多事也。

七　经济之士，一居言官，便一建白，此是上等人，去缄默保位者远，只是治不古。若非前人议论不精，乃今人推行不力，试稽旧读，今日我所言，昔人曾道否？若只一篇文章了事，虽牍如山，只为纸笔作孽障，架阁上添鼠食耳。夫士君子建白岂欲文章奕世哉？冀谏行而民受其福也。今诏令刊布遏中外，而民间疾苦自若，当求其故。故在实政不行而虚文搪塞耳。综核不力，罪将谁归？

八　为政之道，以不扰为安，以不取为与，以不害为利，以行所无事为兴废起弊。

九　从政自有个大体。大体既立，则小节虽抵牾，当别作张

弛，以辅吾大体之所未备，不可便改弦易辙。譬如待民贵有恩，此大体也，即有顽暴不化者，重刑之，而待民之大体不变。待士有礼，此大体也，即有淫肆不检者，严治之，而待士之大严不变。彼始之宽也，既养士民之恶，终之猛也，概及士民之善，非政也，不立大体故也。

一〇　为政先以扶持世教为主，在上者一举措间，而世教之隆污、风俗之美恶系焉。若不管大体何如，而执一时之偏见，虽一事未为不得，而风化所伤甚大。是谓乱常之政。先王慎之。

十一　人情之所易忽莫如渐；天下之大可畏莫如渐。渐之始也，虽君子不以为意。有谓其当防者，虽君子亦以为迂。不知其极重不反之势，天地圣人亦无如之奈何，其所由来者渐也。周郑交质，若出于骤然，天子虽孱懦甚，亦必有恚心。诸侯虽豪横极，岂敢生此念？迨积渐所成，其流不觉至是。故步视千里

为远，前步视后步为近。千里者，步步之积也。是以骤者，举世所惊；渐者，圣人独惧。明以烛之，坚以守之，毫发不以假借，此慎渐之道也。

十二　君子之于风俗也，守先王之礼而俭约是崇，不妄开事端以贻可长之渐。是故漆器不至金玉而刻镂之不止；黼黻不至庶人锦绣被墙屋不止。民贫盗起不顾也，严刑峻法莫禁也。是故君子谨其事端，不开人情窦而恣小人无厌之欲。

十三　著令甲者，凡以示天下万世，最不可草率，草率则行时必有滞碍。最不可含糊，含糊则行者得以舞文。最不可疏漏，疏漏则出于吾令之外者无以凭借，而行者得以专辄。

十四　筑基树臬者，千年之计也；改弦易辙者，百年之计也；兴废补敝者，十年之计也；垩白黝青者，一时之计也。因仍苟且，势必积衰；助波覆倾，反以裕蛊。先天下之忧者，可以

审矣。

十五 气运怕盈，故天下之势不可使之盈。既盈之势，便当使之损。是故不测之祸，一朝之忿，非目前之积也，成于势盈。势盈者不可自损，捧盈卮者徐行不如少挹。

十六 微者正之，甚者从之。从微则甚，正甚愈甚。天地万物气化人事莫不皆然。是故正微从甚，皆所以禁之也，此二帝三王之所以治也。

十七 圣人治天下，常令天下之人精神奋发，意念敛束。奋发则万民无弃业，而兵食足，义气充，平居可以勤国，有事可以捐躯。敛束则万民无邪行，而身家重、名检修。世治则礼法易行，国衰则奸盗不起。后世之民怠惰放肆甚矣。臣民而怠惰放肆，明主之忧也。

十八 能使天下之人者，惟神、惟德、惟惠、惟威。神则无言无为而妙应如响。德则共尊共亲而归附自同，惠则民利其利，威则民畏其法，非是则动众无术矣。

十九 只有不容己之真心，自有不可易之良法。其处之未必当者，必其思之不精者也。其思之不精者，必其心之不切者也。故有纯王之心，方有纯王之政。

二十 《关雎》是个和平之心，《麟趾》是个仁厚之德。只将和平仁厚念头行政，则仁民爱物，天下各得其所。不然《周官》法度以虚文行之，岂但无益，且以病民。

——《呻吟语》

叔苴子

[明]庄元臣

用之当，则一人能周数人之用；用之不当，则数人不能成一人之功。

——《叔苴子内篇》

善制法者，为匠人之用矩，不善制法者，如陶人之用型。

——《叔苴子内篇》

官游日记

[明] 徐 榜

秉公

厚姻娅，近小人，尹氏所以不平于秉钧；开诚心，布公道，武侯所以独优于王佐。故曰本心日月，私欲蚀之，大道康庄，偏见窒之。听信偏，则枉直而惠奸，喜怒偏，则赏僭而刑滥。惟公生明，偏则生暗。

保民

古者，于民饥溺，犹已饥溺。心诚求之，若保赤子。于戏！入室笑语，饮酥啮肥，出则敲朴，痛痒不知。人心不仁，一至于斯。淑问之泽，百世犹祀。酷吏之后，今其余几？谁甘小人，而不为君子。

训廉

惟士之廉，犹女之洁。一朝点污，终身玷缺。毋谓暗室，昭昭四知。汝不自爱，神明可欺？黄金五十驼，胡椒八百斛，生不足为荣，死且有余戮。彼美君子，一鹤一琴，望之凛然，清风古今。

训勤

尔服之华，尔馔之丰，缕丝颗粒，孰非正供。居焉而旷厥官，食焉而怠其事，稍有人心，胡不自愧。昔者君子，靡素其餐，炎汗浃背，日不辞难。警枕计功，夜不遑安。谁为我师，一范一韩。

俭有四益

凡人贪淫之过未有不生于奢侈者，俭则不贪不淫，可以养德，一益也。人之受用自有剂量，省啬淡泊有长久之理，可以养寿，二益也。醉浓饱鲜昏人神智，若蔬食菜羹，则肠胃清虚，无滓无秽，可以养神，三益也。奢则妄取苟求，志气卑辱，一从俭约，则于人无求，于己无愧，可以养气，四益也。

勤有三益

民生在勤，勤则不匮。一夫不耕，必受其饥；一妇不蚕，必受其寒。是勤可以免饥寒，一益也。农民昼则力作，夜则颓然甘寝，非心淫念无从而生。昔公父文伯之母曰：『瘠土之民莫不向义？劳也。』渊明诗曰：『田家岂不苦？弗获辞此难。四体诚乃疲，而无异患干。』是勤可以远淫僻，二益也。户枢不蠹，流水不腐。周公论三宗文王之寿，必归之无逸。吕成公释之曰：『主静则悠远博厚，自强则坚实精明。操存则血气循轨而不乱，收敛则精明内守而不浮。』是勤可以致寿考，三益也。

自在箴

算计有益，吾亦算计；烦恼有益，吾亦烦恼。奈算计无用、烦恼徒劳何如？随缘随分，以咏以陶，度有限之年，乐孔孟之道。

圣人之心，随寓而安，以无所系也。设有一所系，则前有牵，后有曳，欲随寓而安得乎？

十三哨戒谕

营垒当壮，士卒当恤。器械当整，武艺当练。侦探当勤，游巡当慎。救援当速，追捕当严。设伏当密，堵截当勇。毋克剥士饷，毋轻许苗粮。毋虚裁兵数，毋混冒首功。毋幸邻灾，毋匿盗情。毋偷安而忘备，毋轻敌以偾师。毋以小利而失同事之好，毋以小胜而长怠傲之志。

劝勉

世情宜淡，立志贵刚。刚，则欲不能屈，淡，则欲念不起。私喜私怒皆足以害事，而怒之为害尤甚，故制之最要，除之最难。

下学便是为已实功，行慕高远，毕竟近名之心未忘。欲念易逞者其机顺也，欲动难制者其习久也。故学贵及时，功当勇决。

耕尧田者有水虑，耕汤田者有旱忧。耕心田者无虑无忧，日日丰耳。

楚师伐宋，师人多寒。楚子拊而勉之，三军之士皆如挟纩。楚子不能使人皆挟纩，而三军之暖，暖其言也。楚人有馈箪醪者，楚庄王投之于河，令军士迎流饮之，三军皆醉。楚庄王不能使河为醪，三军之醉，醉其赐也。

养子如芝兰，既积学以培植之，又积善以滋润之。子弟之贤不肖系诸人，而世人不以其不肖为可忧；子弟之贫富系诸天，而世人乃忧其贫贱，多为不义之事以富之、贵之，得非倒见耶！

情欲之路，嗜好之府也。目爱采色，命曰伐性之斤；耳听淫声，命曰攻性之鼓；口贪滋味，命曰腐肠之药；鼻悦芳馨，命曰熏喉之烟；身安舆驷，命曰召蹷之机。此五者，所以养生，亦以伤生。

声色在前而不知好，是槁其心者也；声色已过而不能化，是荡其心者也。不槁不荡，惟从事于心学者自得之。

凡观人之术无它，但作事神气足者，不富贵即寿考。其次，莫若观其所受，此最切要，升不容斗，不覆即毁，物理之不可移者。

以岁之凶穰而荒其稼穑者，非良农也；以利之盈缩而弃其资货者，非良贾也；以行之祸福而改其善行者，非良士也。

苏黄门云：人生逐日胸次须出一好议论，若饱食暖衣，惟利欲是念，何以自别于禽兽。

张饱帆于大江，骤骏马于平陆，天下之至快，反思则忧。处不争之地，乘独后之马，人或我嗤，乐莫大焉。

饱肥甘、衣轻暖，不知节者损福；广积聚、骄富贵，不知止者杀身。饱藜藿者鄙膏粱，乐贫贱者薄富贵；安义命者轻死生，

远是非者忘臧否。

居轩冕之间，当有山林之气；处尘埃之内，不可有市井之习。

未雨而雷，雨必不成；未行而言，行必不成。古人所以耻躬之不逮。

山鸡自爱其毛，终日影水，目眩则溺，人亦有溺于自爱者。芙蓉山有异鸟，其名曰鹁，爱形，顾影不自藏，为罗者所得。士之罹于世网，皆由其不肯自藏故尔。夜蛾扑绕灯烛，驱去复来，弗至焦烂弗止，利禄声色之在人，往往甘其心而死之，何以异于是哉！

关中隐士乐道耕常言：修养之士当书月令置坐左右。夏至宜节嗜欲，冬至宜禁嗜欲。盖一阳初生，其气微矣，如草木萌生，易于伤伐，故当禁之，不特节也。

马永卿曰，唐柳公度年八十有强力，人问其术，对曰『吾平生未尝以脾胃熟生物、暖冷物，以元气佐喜怒。』此亦当为座右铭也。

——《宦游日记》

官箴集要

宣化篇

[明]汪天锡

明纲常

欲先教化，去其致教悖化者，则善类兴矣。近年子叛其父，妻离其夫，妇姑勃蹊，昆弟侮阋，奴不受主命，冠履倒置者，比比皆然。凡若此者，不必其来告。当风乡长恒纠其尤甚者，谕众而严决之，则自悚然改行矣。

正婚丧

婚姻，人道之始；殡葬，送死大事。男女定婚，多因男家贫乏，礼物不足，经年不得完聚，致女子失行，而有退婚之耻。有丧之家，多不循理，埋葬之时，极力营办酒食，会亲剧饮，于死者哀

戚略不加意，须常川着里老巡视，但受聘礼明白，违时不行嫁娶者，有罚；出殡营葬，不于衣棺坟墓加工，设宴饮酒，修斋供佛，痛加惩治，亦厚风俗之一端也。

申旧制

朝廷德泽，牧民者多屯而不能宣布。所谓文武之道，布在方策。但有司寝废而不为申明，遂为坠典。苟能揭而行之，则不待他求，治道备矣。

先劳

古之为政者，身任其劳而贻百姓以安；今之为政者，身享其安而贻百姓以劳。已劳则民逸，已逸则民劳，此必然之理也。惮一已之劳，而使阖境之民不靖，仁人君子其忍尔乎？昔子路问政，而圣人告以先之、劳之、无倦。呜呼，此真万世为政之格言也欤！

兴学校

学校乃风化之本，俗吏多忽焉，不以为务，是不知天秩民彝，一切治道，胥此焉出？暇则率僚寀以观讲习，或生徒有未济，廪饩有未充，祭物有未完，教养有未至，激劝有未周，皆敦笃以成之，久则弦诵之声作，而礼义之俗可兴矣。

劝农

农之勤惰，一岁之苦乐系焉，其所当为有不待劝焉者。因时行治，视其辍工废业者，切责之，远近闻之，必知自励也。常见世之劝农者，先期以告，鸠酒食，候郊原，将迎奔走，络绎无宁，盖数日骚然也。至则胥吏童卒杂然而生威，赂遗征取，下及鸡豚。名为劝之，其实扰之；名为优之，其实劳之。嗟夫，劝农之道无他也，勿夺其时而已矣！繁文末节，当为略之。

守常

京府州县安宁，公事不可增损更改，动之必乱，反受其殃。见前政之能善，嘉而从之；有不善，舒缓而更之，此居官之体也，民心易摇而难安故也。

善恶簿

置『善恶簿』一扇，书本府州县为善恶之显著者。若孝弟忠义，勤谨生理者，入善；其唆害官私，游食奸盗者，入恶。恃善而改其行，见恶而改其过者，各与簿内并旌善亭内除去。又常见有官于新到任之后，将平日刁恶之人查记惩治，此大不可。盖遇此等人，只好告示晓谕，改过以听，彼亦得以自新可也。若后再有犯，亦以常法治而志之。果若累犯不悛，痛加惩治，或枷号示众。若肯改过即以善良相待，一例而旌赏焉。

示劝

诸民有旌表及学行异众者，时加存慰，为劝必多。

治刁

放刁把滥之徒，在在有之。大抵此辈皆系奸民猾吏，操心不仁，专窥瞰官府差错，采摘富家过失，或自身陈告，或教唆他人，兴灭词讼，把持官府。懦官弱吏往往为其所制，莫敢谁何。为政者到任之初，必须严立纪纲。或体察得出，或因事发露，痛行科决，迁发禁锢，则民讼简息，风俗淳美矣。

抑强

凡州县多有权豪势要之家，或前朝官吏，或当处霸户，倚势结构官吏，凌虐细民。或刻众肥家，多取利息，或抑良为强，或私和重事，或骗人田土，或强葬坟墓，或欺人孤寡，或夺人妻妾。伤风败俗，欺公罔法之事，靡所不为。官员到任之初，此辈巧寻门

路，以求一见，稍与交接，则小民受抑无伸。为政者，当抑强扶弱为先。

师巫

师巫之辈，名目虽微，蛊惑人心，伤害世教特甚。近代风俗信邪，一有患病，往往设坛作卦，附体降童，妄谈祸福。因有倾赀竭产，祭祀淫昏之鬼，其病偶尔自愈，则曰神之力也，否则曰尔祖之不荫也。愚懵子孙从而信之，废其祭祀，或掘迁坟茔，毁其神主者有之。为政者当戒约里社，痛革此辈。

倡优

凡倡优除有名目，公宴承应之后，不得容于私宅供奉。非惟有违法律，抑且非士君子之所当为。其淫词艳曲荡惑人心者，有关风俗，不特倡优为然，民间子弟亦有之，禁约可也。

毁淫祠

毁淫祠，非烛理明而信道笃者不能，非行已端而处心正者不敢。

接人篇

各守涯分

尊卑之分定，则家无逆子，国无叛臣。夫国之所亡，家之所以败，皆由卑不有尊，而尊不能制卑之所致也。考诸历代，厥监甚明。今夫上而朝廷，下而郡邑，其设官也有长焉，有贰焉，有幕属焉，有胥吏焉，各安其分而事其事，天下安有不治者哉？

惟小智自私，乖同寅之义，无协恭之诚，衷既不和，则所见必有不同者。或长官不知待佐贰之礼也，或佐贰暗于事长官之道也，少见辞色，则彼此胥失矣。若夫事例应尔而所见或不同，居下者当诚其意，婉其辞，曲譬以开其上。若犹未允，则俟其退而

语之家，人非木石，无不回之理。其或居下者有所不可，为长者亦当如是晓之也。稍有所挟，虽面强从，退而必有不堪者，日引月深，终于泄露，人见其乖忤也，谗谮之言乘之而入，而衅端遂起矣。为一时之忿，乖同僚之心，使阖境之民不得治，则其人之褊浅可知矣。

古人有言：必有忍，其乃有济。又曰：忍为众妙之门。旨哉！

事上

孔子谓子产『其事上也敬』。如倅簿之于守令，则为兄弟；县之于府，府之于部，则为司属，皆上也。其于判署之间、迎送之际，皆当尽其诚敬。苟为不敬，则同僚未免乖和，上司未免怪责，其为害事多矣。

使吾为守令，其倅簿果有才力不及，亦当涵容；为倅簿，其守令果有行事未当，亦当婉谏，如此，则待同僚之事毕矣。若下司之于上司官员其敬固不待说，或有吏卒以公事至者，事虽已办，亦当以礼貌待之，非敬吏卒也，敬上司也。苟能如是，岂有失哉？

处同僚

张文忠公曰：同官有过，不至害政，宜为包容，大抵律己当严，待人当恕。以己之廉，病人之贪，取怨之道也。

处同僚以礼为主。若时常饮酒，言语亵狎，久则必生怠慢。某知温州府时，家无酒器，与同僚外若澹然，而内则诚实，相孚有如兄弟者，以礼相待故也。

择交

士之未用于世，犹且择交，况居官者乎？其于同僚之际，固当必尽其诚，若欲荐举人材，崇奖士类，亦须再三审察的当，然后

行之，庶无后患。万一不能谋始，则将有不胜其自失之悔矣。

以礼下人

夫能下人者，其志必高，其所至必远。昔某郡有新守褊傲，大不礼其下，常令掾属罗拜于庭下。有一贤掾，初以疾在告，疾愈当庭参。是日，偶大雨，守命张伞布茅于庭下，使掾拜焉。掾恬然不动容，兴伏惟谨。识者知其他日必为宰相也，后果然。

处患难

凡在官者，当知荣与辱相倚伏，得与失相胜负，成与败相循环。古今未有荣而无辱，得而无失，成而无败之理也。虽天地之运、阴阳之化，物理人事，莫不皆然。处之不以道，则纤毫之宠必摇，而一唾之辱必刭矣。

故君子于外物重轻，皆所不恤，顾其在我者何如尔？使有可辱，虽不加谴，而君子恒以为不足；使无可辱，虽置之死地，而君子恒以为有余。历观自昔，大圣大贤不幸横罹祸患，恬然不易其素者，灼见乎此而已矣。苟惟能处荣而不能处辱，安顺境而于逆境不能一朝居。欲望其临政有余，难矣。呜呼！善观人者其于此焉察之。

处军职

军职官饮酒后多发狂狠暴，府州县官与其衙门临近，凡相见必以礼法自持，切不可言语亵狎及以酒相交，若少不检束，则为其所浼多矣。

待左右

张文忠公曰：左右非公故，毋与语，非公遣，毋使与民相往来。深体此言，吏卒辈不言而栗然也。

待小人

小人不可与尽言。

待小人严而和。

防小人密于自修。

疾恶之心固不可无，然当审察时宜，宽缓处之，切不可闻恶遽怒，先自焚挠，况伤于急暴，而有过中失宜之弊乎？经曰：『毋忿疾于顽子。』曰：『肤受之愬，不行。』皆当审察。

如治小人，事已，则绝口不言，使彼无所闻，以发其怒矣。

待人己

宁人负我，无我负人，此待己之道也。天下之善不必己出，此待人之道也。能行斯二者，于道其庶几乎？

分谤

是非毁誉，自古为政所不能无者。是则归人，非则归己，闻誉则谦，闻毁则受，无长无贰，处之皆当如是也。前辈云：恩欲已出，怨将谁归？呜呼，此真博大君子之言也！

——《官箴集要》

康济谱

[明]潘麟长

潘麟长氏曰：做官者不可不爱名，而不可爱名。真父母之名，不可不爱也；不爱，必将有草菅其民者矣。能吏之名，则不可爱也；爱之，必将有赫赫于名而泛泛于民者矣。夫所谓慈父母之名正未必赫赫然者也。非推诚劳来，德教相迪，乌能使百姓亲爱，攀车涕泣而不释乎？

金孝章氏曰：清如水，则无私喜怒；平如衡，则无偏好恶，民用敬服爱戴而歌之弗忘。然此二语，又须合具始得，深观始得，太清莫如水，苟滋溉未富则清者，有时而浅矣；平莫如衡，苟轻重失置则平者，有时而欹矣。故清之力贵厚，而平之用在中。

余年之间，为无父之人亦已久矣，而汤阴之死何足以赎其罪乎？且其入仕之初，岂知必有乘舆败绩之事，而可树其忠名以盖于晚也。

自正始以来，而大义之不明遍于天下。如山涛者既为邪说之魁，遂使嵇绍之贤且犯天下之不韪而不顾。夫邪正之说，不容两立，使谓绍为忠，则必谓王裒为不忠而后可也。何怪其相率臣于刘聪、石勒，观其故主青衣行酒而不以动其心者乎？是故知保天下，然后知保其国。保国者，其君其臣肉食者谋之；保天下者，匹夫之贱，与有责焉耳。

——《日知录·正始》

顾亭林诗文集

[清]顾炎武

双雁东北飞，飞飞同城阙。声含海上飙，影带吴山月。有客从南来，遗我一书札。上写召旻诗，如彼泉池竭。下列周鼎文，食人象饕餮。书成重密缄，一字一泣血。传之与贵人，相视莫敢发。所计一身肥，岂望天下活。

——《顾亭林诗文集·双雁》

读通鉴论

[清]王夫之

无德于民，不足以兴。

——《读通鉴论·卷三十》

正谊堂文集

[清]张伯行

一丝一粒，我之名节；一厘一毫，民之脂膏。宽一分，民受赐不止一分；取一文，我为人不值一文。谁云交际之常？廉耻实伤。傥非不义之财，此物何来！

——《正谊堂文集》

履园丛话

[清]钱泳

天下事有利于民者则当厚其本，深其源；有害于民者则当拔其本，塞其源。

——《履园丛话·水利》

官能清则冤抑渐消，吏能廉则风俗自厚。

——《履园丛话·不可少》

格言联璧

[清]金　缨

非甚不便于民，且莫妄更。非大有益于民，则莫轻举。

处富贵之时，要知贫贱的痛痒。

利在一身勿谋也，利在天下者谋之；利在一时勿谋也，利在万世者谋之。

悯济人穷，虽分文升合亦是福田；乐于人善，即只字片言，皆为良药。

执法如山，守身如玉。

无功而食，雀鼠是已。肆害而食，虎狼是已。

做官为衙门人欢喜，百姓定有怨声。

居官廉，人以为百姓受福，予以为锡福于子孙者不浅也。曾见有约已裕民者，后代不昌不耶？居官浊，人以为百姓受害。予以为贻害于子孙者不浅也。曾见有瘠众肥家者，历也得久长耶？

古之从仕者养人，今之从仕者养已。古之居官也，在下民身上做工夫。今之居室也，在上官眼底做工夫。

洁已方能不失已，爱民所重在亲民。

——《格言联璧》

曾文正公全集

[清]曾国藩

勤、廉二字看似平浅，实则获上在此，信友在此，服民亦在此，舍此二字，上即偶然青盼，亦不能久；百姓之爱戴，即袭取于偶然，亦不可得矣！

——《曾文正公全集》

欲服军心，必先尚廉介；欲求廉介，必先崇俭朴。不妄花一钱，则一身廉；不私用一人，则一营廉。

不特当廉与取利，并当廉于取名。毋贪保举，毋好虚誉。事事知足，人人守约，则气运可挽回矣。

——《劝戒浅语十六条》

治镜录集解

[清]张鹏翮

念一丝一粟皆出自民力，能检点爱惜，淡泊自甘者。算功。

省费则寡营。寡营则鲜欲。斯志行嚼然。足以维持风俗，而爱养生民。

按：宋邵必知高邮，振厉风采。凡宴集馈送，一切谢遣。尝曰：『数会聚则人情狎，多受馈则不能行事。』时谓名言。

按：宋杨简知温州，廉俭自将。所奉最菲。尝曰：『吾敢以赤子膏血自肥乎！』闾巷雍睦。无忿争声。民爱之如父母。咸像事之。

——《治镜录集解·卷上·当官功过格一》

上司能裁减供应者。算功。

古来举大事动大众，未有不与下同劳苦，绝甘分少，而能得其效用者，圣君贤相，大将良吏，往往而然，非独冀悦服也。举心加彼，推恩可以保众，渊明所谓『彼亦人子』耳。若自奉甚厚而草芥其下，虽有疾苦，若罔闻知，岂贤达之所为用心乎。

——《治镜录集解·卷上·当官功过格一》

遇灾、遇荒，弗早申请，使民心弗安，上泽不下，究过倍算。

昔江南巡抚周公启元《救荒事宜》有曰：『吾辈尽一分心力，便救一辈生灵。是赈救缓急之间，乃元元人鬼之关。试思各官自家子孙有疾痛苦楚，能通宵帖席乎？推广是心以保灾民，思过半矣。

——《治镜录集解·卷下·当官功过格二》

在位当以仁厚为心，不可便己以害人。如罪之得赎，所以使民有自新之路也。设任意加罚，而烦苛其民以迎合要津，既剥之以奉上，又因之以济私，非爱养斯民之道也。

——《治镜录集解·卷下·当官功过格二》

司牧者诚能秉其不忍百姓之心，直使身家可忘，雷霆之不测可犯。又何有于要津达官之区区者耶！

——《治镜录集解·卷下·当官功过格二》

汉文帝诏曰：岂弟君子，民之父母。今人有过，教未施而

刑加焉，或欲改行为善而道亡繇也。夫刑至断肢体、刻肌肤，终身不息，何其痛楚而不德也。

按：宋赵公辅知新城，政尚宽和。不用鞭扑，推诚劳来，民乐从令。小吏有过，亦未尝谴责，或误犯禁者，但令改而已。民有罪必诲谕再三，然后罚之。在邑数年，无赫赫名，远近百姓，亲爱如慈父母，代去，攀车卧留不忍舍。

——《治镜录集解·卷下·当官功过格二》

按：唐崔郾为鄂州观察使。常治陕以宽，经月不笞一人。及莅鄂，则严法峻诛，百不一贷。人问其故，曰：『陕土瘠而民贫，吾抚之犹恐其后。鄂土沃民剽，又杂以夷俗，非用威莫能制，政贵知变也。』

——《治镜录集解·卷下·当官功过格二》

罚之有赎，开民自新之路，亦听民自便之方。乃有多问有力，及任意加罚不思徒之有力者，民间中人之产，杖之有力者，

窭夫鬻身之值，莫若罪招既定，听人自认，折笞可、的决可、稍力可、无力可，岂得既定重赎？甚至以罚为名，而实茹贿赂，致民卖产倾家，拆妻离子，号吁怨嗟，不忍见闻。此其剜肉敲骨，不在刑杖之下，且贪吏必酷，酷以济贪，王法天理，俱所不宥。

——《治镜录集解·卷下·祥刑要语》

平平言

[清]方大湜

士君子心存利济，不能为督抚，即须作州县，以督抚近君，州县近民也。然兴利除弊，不特藩臬道府能说不能行，即督抚亦仅托空言，惟州县则实见诸行事，故造福莫如州县。前明章枫山先生(懋)由翰林谪为临武知县，未之任，改南京大理寺丞，尝叹曰：『吾恨不作临武知县！』盖知县正好做事，正好救百姓，岂得以官小为嫌也？枫山本理学名儒，尚且以不作知县为恨事，可见宰官一身，众生托命。果能事事存心，时时留意，必能造福斯民。

汝曹如有命作州县，切不可妄自菲薄。——《平平言·造福莫如州县》

五福不言贵，可见官是苦人，做官是苦事。吕新吾先生(坤)曰：『世上没个好做的官。虽抱关之吏，也须夜行早起，方为称职。才说官好做，便不是做好官的人。职固有轻重，事固有繁简，但才说好做，便满腔是玩易之心，所以无一可耳。』王朗川先生(之鈇)曰：『居官不可作受用之想。天之生我异乎众，与以治世之职，是造福于世之人，非享福之人也。』惟其不能享福，所以谓之苦人。惟其不好做，所以谓之苦事。汝曹如有命作州县，欲造福不造孽，先须耐苦。——《平平言·官不易做》

官员应得罪名，不越公私两端。凡不系己私，因公得罪，及过失错误出于无心者，皆为公罪。罪由己造，非因公错，及虽属公事意出己私者，皆为私罪。公罪准以级纪抵销，私罪虽有级纪，不准抵销。故公罪虽不能无，私罪必不可有。——《平平言·公罪私罪》

吕叔简先生(坤)曰：用三代以前见识而不迂，就三代以后家数而不俗，可以当国矣。』可见三代以后家数并非必不可就，但不可俗耳。——《平平言·吏不可俗》

地方官下乡，男妇老幼环而相视。不妨招集耆老来前，谘询慰问，劝以孝弟力田，早完国课，莫打官司等语，辗转传述，必有闻而感动者。此正是亲民工夫。毋任差役耀武扬威，执鞭驱逐。——《平平言·亲民工夫》

欲得民心，全在听讼。随到随审，可结便结，毋令拖累日久，以致荡产倾家，即此便是养民，惩一儆百，即此便是教民。鲁庄公曰：『大小之狱，虽不能察，必以情。』曹刿曰：『忠之属也，可以一战。』可见听讼之效甚大。——《平平言·得民在听讼》

图民录

[清]袁守定

伊尹曰：『臣为上为德，为下为民。』人臣之道，二者而已。为外吏，无能补于君德，只有为民一途，无他道也。《周礼》设官三百六十属，言诸职守之事甚备，识者知其无非为民。盖民为邦本，本固邦宁。治天下者以此，治一邑者亦以此。

——《图民录·卷一·为民》

在官必预筹去时行装，书几食庋，切勿轻置。杨诚斋立朝，不市一物，恐累归担。范右丞赴任，只携三石，思便行装。陆长源为汝州刺史，送车只二乘。潘镗为蒲城令，丁忧去任，治装不满一车。官至去任，则囊橐之有无见矣。去任而无与俱焉，则来清去白矣。

——《图民录·卷一·预筹去时行装》

在官法戒录

[清]陈宏谋

范蔚宗曰，曾子云：『上失其道，民散久矣。如得其情，则哀矜而勿喜。』夫不喜于得情则恕心用；恕心用则可寄枉直矣。夫贤人君子断狱，其必主于此乎？郭躬起自佐史，小大之狱必察焉。原其平刑审断，庶于勿喜者乎？若乃推已以议物，舍杖(状)以探情，法家之能庆延于世，盖由此也。《后汉书·郭躬传论》

——《在官法戒录·卷之二》

石天基曰：愚民无知犯法，正如瞎人走入深坑，未有不得祸者。而彼不知，是以可悯。悯之如何？劝之而已。婉言开导，劝也；危词警戒，亦劝也。有势力者，以势力行其劝戒；有智巧者，以智巧行其扶持。全在不为利，不为私，秉公处之，积诚动之而已。桐城姚司寇曰：『人能劝一庸人为善，世上便多一个好人。劝一恶人为善，则世上少了一个恶人，又多了一个好人。其功更倍。』《人事通》

——《在官法戒录·卷之一》

学治臆说

［清］汪辉祖

长民者，不患民之不尊，而患民之不亲，尊由畏法，亲则感恩。欲民之服教，非亲不可。亲民之道，全在体恤民隐，惜民之力，节民之财，遇之以诚，示之以信，不觉官之可畏，而觉官之可感，斯有官民一体之象矣。民有求于官，官无不应，官有劳于民，民无不承。不然，事急而使之，必有不应者。往往壤地相连，同一公事，而彼能立济，投意治，此卒无成，曰民实无良，岂民之无良哉？亲与不亲之分殊也，官事缓急何常，故治以亲民为要。

——《学治臆说·卷上·治以亲民为要》

夫民亦知积储之不可少也。实买实储，事原易行，自换斗移星，权归胥吏，而有名无实，窒碍多端。初犹藏价于库，终且库亦虚悬，而仓愈难言矣，遇有交代，辄移价作收。然尧水汤旱，盛世不免。设遭歉岁，生民之命，系于仓储，万一欲赈无粮，欲借无种，嗷嗷哀雁，恐不能以美言市也。昔余佐幕浙中，尝以此意语主人，求实仓廪，主人颇不河汉余言。比官湖南，亦持此论，诫勉同官。盖库亏尚可补苴于一时，仓空万难筹措于临事。有备无患，守土者何等关系，其可度外置乎？

——《学治臆说·卷下·仓储宜实》

居官镜

［清］刚　毅

将帅者，国家之藩辅，三军之司命也。率熊貔之士，割亲亲之谊。赴不测之地，以之蹈白刃，共安危，智者统之益神其智，勇者统之益大其勇。良由爱兵如己子，保民若婴儿，受命之日不问家，交战之时不顾身。有难身先之，有功身后之。得金玉不自宝，得子女不自使。军未食不食，军未饮不饮，同甘苦。视疾病伤者怜而养之，死者哀而葬之，贤者礼之，勇者励之，谋者亲之，智者用之，饥者食之，寒者衣之。体人之心所以得人之心，爱人

之身始能用人之身。为国求才，总揽英雄，不为利挠，不为势趋。宠之不喜，辱之不惊，罚不贷贵，赏不遗贱。纪律严明，秉心如秤。是以发号施令，人皆乐从。倘不恤其下，妄自尊大，肥甘自奉，轻暖自适，货财自好，刚愎自用，贪得无厌，嫉贤妒能。料彼不自料，犹豫不自决，奸诈而心怯，狂言不以理，欲以为将，不能一朝居矣。

——《居官镜·臣道》

天下之事，有一利必有一害。凡人之情，有所矫必有所偏，是以中道最难。先儒所谓『子莫所执』，乃杨、墨之中，非义理之中也。必如圣帝明王，随时随事以义理为权衡而得其中。至于为政之道，不外宽猛相济。所谓相济者，非行数端宽厚之事随济之以数端之猛，行数端猛烈之事随济之以数端之宽，惟在斟酌于情理之中。宜宽而宽，宽而不失于慢，其所谓宽者，非纵弛之谓也。宜猛而猛，猛而不失于残，其所谓猛者，非刻薄之谓也。宽猛得宜，乃为相济，未有遇事之先，横宽猛于胸中之理也。且宽厚二字，非可一概视也。厚民生，纾民力，加惠兵丁，施恩百姓，皆为宽厚。若夫姑息以养奸，优柔以纵恶，以待善良者待奸蠹，听其贻民害而蠹国事，则适足以成其惨刻残忍而为不宽厚之尤者也。

无至诚恻怛忧天下之心，纵无暴政虐刑加于百姓，而天下未尝不乱者，何也？盖以因循苟且，趋过目前而不为久远之计。宣力之事，其稍可自效者，不过正已率属而已。再不振拔精神，殚竭血诚，自以为祸灾可无及其身，往往身遇祸灾而悔无及，虽或仅得身免而患贻于后世矣。不思所膺高爵厚禄，朝廷待之不为不优，而幸济升平，又无折冲

天下治乱皆有常势，是以天下虽乱而圣人以为无难理者，其应之有术也。人民流离则安之，乱臣割据则伐之，权臣专擅则诛

之，四夷交侵则攘之。凡此数者，足以害民蠹国，然其所以为害者有其状，故其所以救之者有其方也。天下之患莫大于不知其然而然者，是因循不治，拱手而待乱也。——《居官镜·吏政》

从来与民休息，道在不扰，多一事不如少一事。自古帝王治天下，因革损益，原期尽善尽美，但无数百年，不弊之法果属法弊，难行自应参酌时宜，归于可久。若制度既定，本可遵循，只以奉行不力，此乃人弊耳，于法乎何尤？近有只邀虚誉，不务实理，欲见已长，不顾政体，每以循例应行之事不足以结主知而动众听，逞臆度以变法，务一得以更章。其说以为利民，而其实利未见而害随之矣，致使元气虚耗，民生日蹙，良可慨也。惟愿天下大小文武，各抒实心，各宣实力，谨依良法，善体美意，于化民成俗之道有赖焉。

国家政治，在乎得人，自大吏以至于一命，皆有其责，而一身

之分量等级，庶事之兴废优劣，胥视乎此。惟政有缓急难易，人有刚柔短长，用当其可，虽中人亦可有为，即小人每能济事。用违其才，虽能员难以自效，即贤员或至误公。惟当量材器用，俾官无弃人，斯政无废事矣。且制置之安危由势，付授之济否由材。势如器焉，惟在所置，置之险地则覆，置之夷地则平，材如负焉，惟在所授。授逾其力则踣，授当其力则行。故负重者不可以微劣，胜器大者不可以轻易处。有巨力而加重负犹恐蹶跌之不虞，择安地而置大器尚虑倾覆之难备，安有委非所任、置非所安而望其不颠不危，固亦难矣。——《居官镜·吏政》

治天下之道，革其俗不如革其心。若令不行、禁不止，所关匪细，凡所欲行者必行，欲止者必止，方合于『民无信不立』之道。夫移风易俗，必待一心忠爱、踊跃从事之贤有司，百姓仰之若父母，敬之如神明，徐徐化导，使其天良油然感动，不期行而自

行，不期止而自止。虽有良法美意，须得其人方能举行，尤须长官率之以公正，孚之以诚信，不为掣肘，不为遥制，诸事自然就绪。倘以机谋权术势逼力驱，亦难集效也。

除刑罚不如刑得其平，薄赋税不如赋得其正。其平其正，不系乎上之立法而系乎牧令存心。每见上严浮派之禁，而远乡僻壤横征益甚者有之，上颁矜恤之条，而胥吏、丁役私押索诈者有之。牧令得其贤，日以亲民为事，则慈惠下施，疾苦上达，天下未有不治也。

——《居官镜·治道·吏政》

常平在官，社仓在民，在官者，法立而事权归一，在民者，情私而弊窦易生，其理不辨自明。若牧令皆得其贤，视民事如家事，计若千户之家，积若千石之粮，计口授食，足供两月之用。有灾立报，饥馑即赈，国不动帑，民无流亡。常平之粟固足备，常平之利亦无穷，社仓又何必兴哉！但有司不得其人，故令民捐民办，计口按数蓄积，以备不虞也。

——《居官镜·治道·户政》

从来治民之道，教化为先，国家抚有黎庶，设群有司畀以司牧之任，所以迪牖斯民，俾日兴于善也，非第催科断狱，即可称为良有司也。近来官场，积习因循，稍能守法奉职者，已不可多得，至于教化之事，则置焉不讲。间有一二耻为俗吏、勤思治本者，鲜不视为迂谈。夫孝、悌、忠、信、礼、义、廉、耻八字，为尽人所当知当行，凡在四民，舍此无以为人，地方有司，舍此无以为教。孟子曰：『经正则庶民兴，庶民兴，斯无邪慝矣。』官吏不修正教，无怪乎愚民习于邪教，其初大率为学好修福之说所惑。因愚入妄，因妄而至于犯上作乱，及罹于罪，国有常刑。而实皆由于地方官教化不兴，以致陷溺斯民至于如此也。

——《居官镜·治道·礼政》

附录：《官箴四部》引用典籍简介（本书共引用典籍150种，按书名笔画排序）

《二程遗书》 北宋理学家程颢、程颐的弟子记载二程平时的言行的书籍，其中言论居多，收入了宋代程颢与程颐撰写哲学著作数篇。又称《河南程氏遗书》，共二十五卷。

《三十国春秋》 南梁梁元帝之子萧方等编著的两晋十六国的纪传体史书。共三十卷。此书时间跨度极大，起于曹魏明帝时期，止于东晋安帝时期。

《三国志》 西晋陈寿著，全书一共六十五卷，《魏书》三十卷，《蜀书》十五卷，《吴书》二十卷。记载三国时代历史的断代史。

《大戴礼记》 亦名《大戴礼》《大戴记》。前人据唐孔颖达《礼记正义序》所引郑玄《六艺论》『戴德传《记》八十五篇，则《大戴礼》是也』之语，多谓其书成于西汉末礼学家戴德（世称大戴）之手。原有八十五篇，但今仅存三十九篇。

《与陈伯之书》 南朝梁文学家丘迟的代表作，更是一篇胎炙人口的招降文字，

它是汉末建安以来言情书札的继承和发展，具有很高的艺术成就。

《尸子》 该书早佚，后由唐代魏徵、清代惠栋、汪继培等辑成。思想兼宗儒、墨、名、法、阴阳，可谓杂家。

《天论》 是刘禹锡的哲学思想的代表作，主要论述了天的物质性、天与人的关系、产生天命论的根源等重大问题。

《元史》 系统记述从蒙古族兴起到元朝建立和灭亡的一部纪传体断代史，成书于明朝初年，由宋濂、王濂主编。全书二百一十卷，包括本纪四十七卷、志五十八卷、表八卷、列传九十七卷。

《艺文类聚》 唐高祖李渊下令编修的类书，给事中欧阳询主编。武德七年（六二四）成书。与《北堂书钞》《初学记》《白氏六帖》合称『唐代四大类书』。此书分四六部，每部又列子目七二七，全书约百余万言。

《五代史》 又称《旧五代史》《梁唐晋汉周书》，共一百五十卷，由薛居正监修，后欧阳修《五代史记》问世后，称为《新五代史》，薛居正等所修的史书就被称为

《旧五代史》。

《少年中国说》 清朝末年梁启超所作的散文，写于戊戌变法失败后的一九〇〇年，本篇收入梁启超的《饮冰室合集》，文中极力歌颂少年的朝气蓬勃，指出封建统治下的中国是『老大帝国』，热切希望出现『少年中国』，振奋人民的精神。文章不拘格式，多用比喻，具有强烈的鼓动性。

《日知录》 明末清初著名学者、大思想家顾炎武的代表作品。这部大型学术札记以明道、救世为宗旨，囊括了作者全部学术、政治思想，遍布经世、警世内涵。

《中论》 魏晋时期徐干的一部政论性著作。传本《中论》一书分上下二卷，共计二十篇，从《治学》至《爵禄》十篇为上卷，《考伪》至《民数》十篇为下卷。又《群书治要》辑有《中论》逸文《复三年丧》、《制役》两篇，今本《中论》多附录之。

《中说》 又称《文中子中说》、《文中子》，系隋朝著名教育家、思想家王通的弟子们整理其讲课内容，以及与弟子等的对话辑录。

《从政录》 明代哲学家薛瑄所著。取名《从政录》意为专门研讨从政之道，亦是作者数十年官场生涯的经验之谈。

《从政遗规》 清代陈宏谋所编纂的有关道德教育的《五种遗规》中的一种，在乾隆七年（一七四二）编辑成书。该书分为上、下两卷，摘录了从宋代到清代几十位政治家、学者有关从政的论述。

《风宪忠告》 元代张养浩任监察御史时所著。是对监察官员的劝告。风宪，即风纪，指监察官员。全书分自律、示教、询访、按行、审录、荐举、纠弹、奏对、临难、全节等十篇。

《六韬》 又称《太公六韬》《太公兵法》，是中国古代的一部著名兵书。大致断定《六韬》是战国末期某人托姜望之名而撰。全书有六卷，共六十篇。通过周文王、武王与吕望对话的形式，论述治国、治军和指导战争的理论、原则。

《文子》 先秦时代道家著作，主要解说老子之言，阐发老子思想，继承和发展了『道』的学说。与《老子》《庄子》《列子》并列为道教经典之一。今存九篇。

《文心雕龙》 南朝文学理论家刘勰创作的一部文学理论著作，成书于五〇一—五〇二年（南朝齐和帝中兴元、二年）间，是中国文学理论批评史上第一部有严密体系的体大而虑周的文学理论专著。全书共十卷，五十篇（原分上、下部，各二十五篇），以孔子美学思想为基础，兼采道家，全面总结了齐梁时代以前的美学成果，细致地探索和论述了语言文学的审美本质及其创造、鉴赏的美学规律。

《文正范公神道碑铭序》 北宋著名文学家欧阳修为范仲淹去世而写的一篇铭文。该文记述了范仲淹的生平事迹。

《文昌孝经》 道教的孝道经典《文昌孝经》，据明代少保大学士耶浚仲所著《文帝孝经原序》所说，出现在宋代，作者不详，该经托文昌帝之口，劝人尽孝。无论是从托文昌帝之形式上看，还是从思想内容上看，可判定其属道教思想，而且在历史上，它与《太上感应篇》等一起，被列为道教之劝善经典。

《尹文子》 旧列名家，今本仅一卷，分《大道》上、下两篇，语录与故事混杂。上篇论述形名理论，下篇论述治国之道。

《孔子家语》 又名《孔氏家语》，简称《家语》，是一部记录孔子及孔门弟子思想言行的著作，凡二十七卷，孔子门人所撰，原本早佚。

《正谊堂文集》 为清代官员和理学家张伯行所著。张伯行（一六五一—一七二五）字孝先，晚号敬庵，河南仪封（今兰考）人。生于清世祖顺治八年，卒于世宗雍正三年，年七十五岁。康熙二十四年（公元一六八五年）进士。累官礼部尚书。历官二十余年，以清廉刚直称。其政绩在福建及江苏为尤著。学宗程、朱，及门受学者数千人。谥清恪。康熙曾称誉其为『天下清官第一』。著作宏富，有正谊堂集十二卷及道南源委、道统录、伊洛渊源续录、居济一得、小学集解、二程注录、续近思录、学规类编、性理正宗、广近思录、濂洛关闽书、困学录集粹、濂洛风雅（均四库总目）等，并传于世。

《世要论》 为魏大司农桓范撰写。是反映桓范政治思想的主要著作。其君臣论和刑德论综合儒、法、兵家思想；政务论则以儒为主，兼及法、墨、道和黄老诸学。

《文心雕龙》 [illegible]

[illegible]

《[illegible]》 [illegible]

《文昌孝经》 [illegible]

《文子》 [illegible]

官箴四部

《孔子家语》 [illegible]

《正谊堂文集》 [illegible]

《毋欺录》 [illegible]

《世说新语》 中国南朝时期产生的一部主要记述魏晋人物言谈逸事的笔记小说。由南北朝刘宋宗室临川王刘义庆（四〇三—四四四）组织一批文人编写，梁代刘峻作注。全书原八卷，刘峻注本分为十卷，今传本皆作三卷，分为德行、言语、政事、文学、方正、雅量等三十六门，全书共一千多则，记述自汉末到刘宋时名士贵族的轶闻轶事，主要为有关人物评论、清谈玄言和机智应对的故事。

《左传》 中国古代最早编年体史书，共三十五卷。相传是左丘明著。全称《春秋左氏传》，原名《左氏春秋》，汉朝时又名《春秋左氏》、《左氏》。汉朝以后才多称《左传》。为《春秋》做注解的一部史书，与《春秋公羊传》《春秋谷梁传》合称『春秋三传』。《左传》既是一部战略名著，又是一部史学名著。

《平平言》 清朝官员方大湜所著。四卷，清光绪十三年（一八八七）常德刻本，清光绪二十二年（一八九六）广雅书局刻本，清抄本今藏湖南图书馆。

《北齐书》 唐朝史家李百药撰，属纪传体断代史，共五〇卷，纪八卷，列传四二卷，记载上起北魏分裂前十年左右，接续北魏分裂、东魏立国、北齐取代东魏，下迄北齐亡国，前后约五十余年的史实，而以记北齐历史为主。

《申鉴》 东汉末年思想家荀悦的政治、哲学论著，意为重申历史经验，供皇帝借鉴。全书五卷。

《史记》 西汉司马迁撰写的纪传体通史，是二十四史的第一部，记载了我国从传说中的黄帝到汉武帝后期长达三〇〇〇年左右的历史，为我国传记文学的典范。

《四书章句集注》 宋代朱熹最有代表性的著作之一。其内容分为《大学章句》《中庸章句》《论语集注》以及《孟子集注》。

《白马篇》 魏晋曹植诗作。《杂曲歌·齐瑟行》歌辞，又作《游侠篇》，因其所写的是边塞游侠的忠勇。这首诗描写和歌颂了边疆地区一位武艺高强又富有爱国精神的青年英雄，借以抒发作者的报国之志。

《包拯集》 又名《包孝肃公奏议》。这本论文集几乎囊括了包拯一生中所有的奏摺、陈表和各种各样的建议、意见，全面系统地呈现了包拯的政治主张和他的阅

世态度。

《汉书》 又称《前汉书》，我国东汉时期的历史学家班固编撰，是中国第一部纪传体断代史，二十四史之一。《汉书》全书主要记述了上起西汉的汉高祖元年（前二〇六），下至新朝的王莽地皇四年（二三），共二三〇年的史事。《汉书》包括纪十二篇，表八篇，志十篇，传七十篇，共一百篇，后人划分为一百二十卷，共八十万字。

《礼记》 西汉戴圣对秦汉以前各种礼仪加以辑录编纂而成，共四九篇。该书编定是西汉礼学家戴德和他的侄子戴圣。戴德选编的八五篇本叫《大戴礼记》，到唐代只剩下了三九篇。戴圣选编的四九篇本叫《小戴礼记》，即我们今天见到的《礼记》。

《司马温公集》 北宋大史学家司马光的文集，该书收录了司马光的大部分作品。司马光生于宋真宗天禧三年（一〇一九）十一月，当时，其父亲司马池正担任光州光山县令，于是便给他取名『光』。元佑元年（一〇八六），司马光逝世，终年六十八岁。太皇太后听到消息后，和哲宗亲自去吊唁，追赠司马光为太师、温国公，谥号『文正』，赐碑『忠清粹德』。

《幼学琼林》 中国古代儿童的启蒙读物，初为明末程登吉编著，本名《幼学须知》，又称《成语考》、《故事寻源》，清人邹圣脉作了增补，改名为《幼学琼林》，骈体文，内容广博，包罗万象，被称为中国古代的百科全书。

《老子》 又称《道德经》《道德真经》《五千言》《老子五千文》，传说春秋时期的老子撰写，是道家哲学思想的重要来源。《道德经》分上、下两篇，原文上篇《德经》、下篇《道经》，不分章，后改为《道经》三七章在前，第三八章之后为《德经》，并分为八一章。

《老残游记》 清末中篇小说，刘鹗的代表作。小说以一位走方郎中老残的游历为主线，对社会矛盾开掘很深，尤其是他在书中敢于直斥清官误国，清官害民，指出有时清官的昏庸并不比贪官好多少。对清廷官场的批判切中时弊、独具慧眼。

《臣轨》 唐朝武则天撰。该书二卷一〇篇，以儒家传统道德观念为基础，论述为臣者正心、诚意、爱国、忠君之道。

《西山政训》 宋人真德秀撰。真德秀（一一七八—一二三五），字景元，后改景希，号西山，后世称西山先生。福建建州浦城（今福建省南平市浦城县）人。南宋名臣、著名儒家学者，属朱熹理学一派。该书是真氏帅长沙、知泉州时晓谕下属官僚政训，颇可见彼时之吏治民风。版本不详，据清刻单行本标点整理。

《西岩赘语》 学者申居郧所著，书中辑录了作者关于人生社会的警言警句。

《西京杂记》 中国古代笔记小说集，其中的『西京』指的是西汉的首都长安。该书写的是西汉的杂史。既有历史也有西汉的许多遗闻轶事。

《在官法戒录》 清代陈宏谋编辑的《五种遗规》之丛书本。法者效法也，戒者禁止也。是书首为乾隆八年陈宏谋序记述了编辑此书的目的：『余听政之暇，采集书传所载吏胥之事，各缀论断，广为分布，以代文告。书曰作善降之百祥，作不善降之百殃。孟子曰仁则荣，不仁则辱。观是录者善恶荣辱由己，何去何从

必有观感而兴起矣』。是书卷一为总论，所辑史上名人对吏治的精辟论述；卷二卷三为法录上下，所举历史上的清流名臣事迹，从汉相萧何到本朝小吏朱瑾，以为官者效法；卷四为戒录，记录从汉酷吏张汤至前朝贪官的种种不法行径，以为官者戒。

《贞观政要》 唐代史学家吴兢著的一部政论性史书。全书十卷四十篇，分类编辑了唐太宗在位的二十三年中，与魏徵、房玄龄、杜如晦等大臣在治政时的问题，大臣们的争议、劝谏、奏议等，以规范君臣思想道德和治同军政思想，此外也记载了一些政治、经济上的重大措施。

《吕氏春秋》 战国末年秦国丞相吕不韦组织属下门客们集体编撰的杂家（儒、法、道等等）著作，又名《吕览》。有八览、六论、十二纪，共二十多万言。其中包括了天地万物古往今来的事理，号称《吕氏春秋》。

《朱子语类》 朱熹与其弟子问答的语录汇编，共140卷，内容包括理气、性理、鬼神等世界本原问题，心性情意、仁义礼智等伦理道德及人物性命之原，知行、

力行、读书、为学之方等认识方法，基本代表了朱熹的思想，内容丰富，析理精密。

《朱子家训》 又名《朱子治家格言》、《朱柏庐治家格言》。朱柏庐（一六二七—一六九八）原名朱用纯，字致一，自号柏庐，明末清初江苏昆山县人。著名理学家、教育家。潜心研究程朱理学，主张知行并进，躬行实践。该书精辟阐述了修身、治家之道，许多内容继承了中国传统文化的精华。

《朱文正公政训》 宋代大哲学家朱熹为政理念和经验的汇集。该书是明代刑部尚书彭绍从朱熹的《朱子语类》等书中辑录的，实则成于众弟子之手，多是关于政事方面的内容，也是朱熹与门人弟子问答的语录汇编之一。

《传家宝》 清代学者石成金所著的一部教人如何处世、生活的著作。主要包括福寿真经、涉世方略、好运宝典、快乐天机几大部分。大凡人生的所经、所用，无不博采兼收，综汇其中。

《后汉书》 南朝刘宋时期的历史学家范晔编撰而成，与《史记》《汉书》《三国志》合称『前四史』。书中分十纪、八十列传和八志（司马彪续作），记载了从光武帝刘秀至汉献帝的一百九十五年的历史。

《后出师表》 诸葛亮二次伐魏前给蜀后主上的表章，为了与建兴五年春第一次北伐前所上表疏区别，后人题曰《后出师表》。

《庄子》 亦称《南华经》，道家经典著作之一。书分内、外、杂篇，原有五十二篇，乃由战国中、晚期逐步流传、揉杂、附益，至西汉大致成形，然而当时所流传的，今已失传。如今所传三十三篇，分为：外篇、内篇、杂篇。其中内篇七篇，一般定为庄子著；外篇杂篇可能掺杂有他的门人和后来道家的作品。

《刘子新论》 又名《刘子》，当为北齐刘昼所作。今本《刘子》共十五卷五十五篇，全近三万字。学术体系属于杂家，兼采儒道名法兵农各派，而以儒道为宗旨。全书最后一篇《九流》，相当于《庄子·天下》篇，分别评论九家得失。

《论时政疏》 明代政治家、改革家张居正在嘉靖年间第一道也是最后一道奏疏。奏疏成时，他不过二十余岁，居翰林院庶吉士之职。奏章中提出当时朝廷一共

存在着六大弊病，但是时有严嵩、严世番专权，此奏疏遂得不到重视。

《论语》 由孔子的弟子及其再传弟子编撰而成。它以语录体和对话文体为主，叙事体为辅，记录了孔子及其弟子言行，集中体现了孔子的政治主张、伦理思想、道德观念及教育原则等。一共二十卷，是我国古代儒家经典著作之一。

《论语注》 清代康有为对《论语》所作的注解，共二十卷。在注疏体例上，《论语注》每一卷先在开头解题，然后注明《论语》原文中共几章，再对每一章抄录原文后进行详细注解。

《论衡》 东汉王充（二七—九七）所作，大约作成于汉章帝元和三年（八六），现存文章有八五篇（其中的《招致》仅存篇目，实存八四篇）。该书批判地吸取了先秦以来各家各派，特别是道家黄老学派的思想，对先秦诸子百家进行了系统评述，对汉儒思想进行了尖锐而猛烈的抨击。

《孝经》 相传是孔子所作，共十八章，比较集中地阐述了儒家的伦理思想。《孝经》首次将孝与忠联系起来，认为『忠』是『孝』的发展和扩大，在古代影响深远，唐玄

宗曾亲自为《孝经》作注。

《报任安书》 西汉司马迁给其友人任安的一封回信。任安，字少卿，曾任益州刺史、北军使者护军等职。司马迁因李陵之祸处以宫刑，出狱后任中书令，表面上是皇帝近臣，实则相似宦官，为士大夫所轻贱。任安此前曾写信给他，希望他能『推贤进士』。司马迁由于自己的遭遇和处境，感到很为难，所以一直未能复信。后任安因罪下狱，被判死刑，司马迁才给他写了这封回信。关于此信的写作年代，一说是在汉武帝征和二年（前九一），另一说是在汉武帝太始四年（前九三）。

《苏轼集》 宋代大文学家苏轼的作品集。广义的苏轼集包括《东坡全集》《东坡七集》《东坡集》《东坡大全集》《东坡备成集》《苏轼全集》《苏轼文集》《东坡乐府》等作品集，狭义的苏轼集指陶文鹏、郑园编的《苏轼集》。

《围炉夜话》 该书作者王永彬，最后成书于清咸丰甲寅二月。为明清时期著名的文学品评著作，对于当时以及以前的文坛掌故，人、事、文章等分段作评价议

论。作者虚拟了一个冬日拥着火炉，至交好友畅谈文艺的情境，使本书语言亲切、自然、易读，并由于其独到见解在文学史上占有重要地位。全文共二二一则，以『安身立业』为总题，分别从道德、修身、读书、安贫乐道、教子等十个方面，揭示了『立德、立功、立言』皆以『立业』为本之深义。

《宋史》

元代脱脱和阿鲁图先后主持修撰。二十五史中篇幅最长的一部官修史书，与《辽史》、《金史》同时修撰。全书有本纪四十七卷，志一百六十二卷，表三十二卷，列传二百五十五卷，共计四百九十六卷，约五百万字。

《阿房宫赋》

晚唐诗人杜牧的作品，杜牧所处的时代，政治腐败，阶级矛盾尖锐，藩镇跋扈，外军入侵。杜牧在《上知己文章启》中说：『宝历（唐敬宗年号）大起宫室，广声色，故作《阿房宫赋》。』

《陈公弼传》

北宋苏轼为陈希亮（字公弼）写的行状墓碑。陈希亮，北宋时期从进士及第开始，为官三〇余年，不论是在地方还是京城为官，陈希亮嫉恶如仇，不考虑个人的祸福进退，为平民百姓称颂，使王公贵人害怕。后因辛劳过度而逝

世，享年六四岁。

《抱朴子》

东晋葛洪所撰，分为内、外篇。今存『内篇』二〇篇，论述神仙、炼丹、符箓等事，『外篇』五〇篇，论述『时政得失，人事臧否』。『外篇』中《钧世》《尚博》《辞义》《文行》等篇中还涉及有关于文学理论批评的内容。全书总结了战国以来神仙家的理论，确立了道教神仙理论体系，并继承了魏伯阳的炼丹理论，集魏晋炼丹术之大成。《抱朴子》在道教经典体系中具有重要的地位，同时也是研究我国晋代以前道教史及思想史的宝贵材料。

《范文正公文集》

北宋著名的政治家、文学家和教育家范仲淹所著，为北宋时刻印的范仲淹（九八九—一〇五二）诗文集，是现存最早的范集传本。

《范增论》

苏轼早期的史论。作者当时阅历不深所以其中提出了一些范增应该杀死项羽的书生之见。

《杭州府衙联》

清代薛慰农署联。封建时代，很多官员有在官署衙斤撰题对联的习惯，以表明官风、心迹、抱负、政愿，等等。

《叔苴子》 明代庄元臣的著作。『叔苴』二字，出自《诗·豳风·七月》篇：『九月叔苴』。叔者拾也，苴即麻子。秋天九月，农民拾取麻子以待来年播种。《叔苴子》『非取用于今而取用于后』，其寓意就是待时而用。该书从多方面发挥了道家思想，有较高的学术价值。

《尚书》 又称《书》《书经》，为一部多体裁文献汇编，相传为孔子编定。将上古时期的尧舜一直到春秋时期的秦穆公时期的各种重要文献资料汇集在一起，经过认真编选，挑选出一〇〇篇。相传孔子编成《尚书》后曾把它用作教育学生的教材。

《国语》 中国最早的一部国别体著作。记录了周朝王室和鲁、齐、晋、郑、楚、吴、越等诸侯国的历史。上起周穆王十二年（前九九〇）西征犬戎（约前九四七），下至智伯被灭（前四五三）。包括各国贵族间朝聘、宴飨、讽谏、辩说、应对之辞以及部分历史事件与传说。

《明史》 清代官修的一部反映明朝（一三六八—一六四四）历史的纪传体通史。全书三三六卷，其中目录四卷、本纪二四卷、志七五卷、表一三卷、列传二二〇卷。

官箴四部

《明通鉴》 明代编年史。作者清人夏燮，字甫，别号江上蹇叟，安徽当涂人，道光年间曾任直隶省（今河北）临城县训导，咸丰十年（一八六〇）入两江总督曾国藩的幕府，后又任过永宁知县。该书共一百卷，记录了明朝三百一十二年的历史。包括三部分：《明前纪》四卷，明太祖未即位时之史事，始自元顺帝至正十二年（一三五二），止于至正二十七年（一三六七）；《明纪》九十卷，从明太祖洪武元年（一三六八），至庄烈帝崇祯十七年（一六四四）；《附编》六卷，始于崇祯十七年五月明福王在南京称帝，止于清康熙三年（一六六四）。

《忠经》 东汉马融撰。系统总结忠德的专门经典，马融因为有《孝经》而无《忠经》，故作此书来补阙，全篇共十八章。

《呻吟语》 明代晚期著名学者吕坤所著的语录体、箴言体的小品文集，刊刻于明万历二十一年。

《咏史》 唐代诗人李商隐的一首咏史诗，为咏六朝兴废更替之作。通过对两汉之际王莽篡权的历史回顾，借古喻今。借三国孙权立国以至陈亡这一历史时期中建都金陵的几个朝代新陈代谢的史实来抒发感慨。

《图民录》 清代官员袁守定编撰。作者以古人的『嘉行』故事来作为州县牧令追慕的榜样，阐明了『为政』必须以『爱民』为基础的道理。

《牧民忠告》 元朝末年张养浩任县令时写的，内容包括十个方面、七十四项做事做人的方法，堪称中国历代官箴书中的扛鼎之作。

《牧鉴》 明代杨昱所辑。该书所采既有经史子集，又有朝野百家，在分类上，则分治本、治体、应事、接人四类，类下又分子目，共有三十五目，每目又分上中下，上是录经传之言，中是辑古人政迹，下是集先儒议论，可谓条理清楚，层层深入。

《物理论》 西晋哲学家杨泉著。杨泉字德渊，吴会稽郡（今浙江绍兴）处士。太康六年（二〇八）晋灭吴后，被征，不久隐居著述，仿扬雄著《太玄经》一四卷，又著《物理论》一六卷、集二卷。其著作南宋时亡佚，但因曾被各类书广为引述，得以部分保存，可略窥杨泉思想的大要。杨泉反映当时江南地区的新学风，推进了以自然科学为凭依的唯物主义气一元论。清代学者所辑《物理论》串入了《傅子》若干条，因而曾有论者把傅玄与杨泉误合为一家之学。

《周易》 又称《易经》《易》，相传为周人所做。《周易》是建立在阴阳二元论基础上，对事物运行规律加以论证和描述之作，首创天干地支五行论，对天地万物进行性状归类，对事物的未来发展进行预测。

《庙堂忠告》 元代张养浩任参议中书省时所著。分修身、有贤、重民、远虑、调变、任怨、分谤、应变、献纳、退休十篇。

《法言》 西汉扬雄撰，共十三篇，尊圣人崇王道，旨在捍卫和发扬儒家学说，对当时流行的天人感应、鬼神图谶予以批判，在思想史上占有一定地位。

《治安策》 西汉贾谊的名篇，以其政治思量、文调势雅被后人推崇，文中提出的『众建诸侯而少其力』及其他政治思想影响极大。

《治镜录集解》 清代隋人鹏所作。他在受命视学西蜀时，得见遂州张运青《治

镜录》一编，首载《当官功过格》，其中凡有利于民者务兴，有害于民者务去，条分缕析，璨然具备。后面还附有《县令箴》和吕叔简的《祥刑要语》。隋人鹏鉴于《士镜录》已有注解，而《治镜录》多为人所忽视，所以对此书加以集解，先叙述每一条的内容，然后举出与此内容有关的实例，予以具体说明。

《学治臆说》 清代学者汪辉祖所纂。记录了他在幕友时期和担任州牧县令期间的吏治心得和所见所闻。

《官箴》 北宋哲宗时期曾任宰相的吕本中撰，该书汇集了三十三条为官的原则。书首即揭清、慎、勤三字以为当官之法，其言千古不可易。

《官箴集要》 明代汪天锡辑录而成的官箴类作品集。书中辑录了诸多历史人物的佳言善行，既有经国济世的学问，又有从政为官的智慧；既有各种政务的操作方法和规则，也有调节政治关系的种种规定，为官员的实际选择提供了参照。集从政为官和治学为一体，以仁义礼乐为本，是历代官箴类作品中影响深远的著作之一。

《诗经》 又称《诗三百》《诗》，西汉时称《诗经》。《诗经》是中国文学史上最早的诗歌总集，收入自西周初年至春秋中叶大约五百多年的诗歌。

《居官日省录》 清代觉罗乌尔通阿编著。全书共分六卷。内容广博，涉及为官的方方面面，为上至公卿、宰辅，下至郡守县令，提供了一面自律律人的镜子，借以自省。书中不但有前人从政经验的总结，也有作者身体力行的体验。此书在编辑上亦有特点，即仿《从政遗规》旧例，先摘编古人训诫或今时传闻，列入事迹栏内。又将官箴民事有关从政之道的论述列入『格言』。每类前另附总括性文字缀于卷首。

《居官镜》 晚清刚毅编纂。该书内含《臣道》一章和《治道》六章，分论吏、户、礼、兵、刑、工之政，从政治原则上大力提倡官吏要清正廉洁，严厉抨击贪赃枉法之徒。

《孟子》 由孟子及其弟子共同编写而成，记录了孟子的语言、政治观点和政治行动，属儒家经典著作。

《陋室铭》 唐代诗人刘禹锡所作，选自《全唐文》卷六百零八集。

《荀子》 是战国后期儒家学派最重要的著作。共三十二篇，大部分是荀子自己的著作，涉及到哲学、逻辑、政治、道德许多方面的内容。

《胡子知言》 又称《知言》，宋代胡宏本其父胡安国之学，主本然之性无善恶之说而作，对性命之理论述较详。初稿系论学语录和随笔札记，后经多次校订而成书。

《南史》 唐朝李延寿撰，中国历代官修正史『二十四史』之一。纪传体，共八十卷，含本纪十卷，列传七十卷，上起宋武帝刘裕永初元年（四二〇），下迄陈后主陈叔宝祯明三年（五八九）。记载南朝宋、齐、梁、陈四国一百七十年史事。《南史》与《北史》为姊妹篇，是由李大师及其子李延寿两代人编撰完成的。

《战国策》 一部国别体史书。主要记述了战国时期的纵横家的政治主张和策略，展示了战国时代的历史特点和社会风貌。西汉末刘向编定为三十三篇，书名亦为刘向所拟定。

《省心录》 北宋诗人、文学家林逋的代表作。一部关于为人处事、涉政归隐等方面的格言小品文集，共一百六十余条，多为对孔孟之道的诠释。

《便宜十六策》 三国时期杰出的政治家和军事家诸葛亮著的一部重要兵法。诸葛亮在其中所提出的一系列治国治军原则，是千古治国治军者的经典。

《鬼谷子》 又名《捭阖策》，为纵横家鼻祖鬼谷关于谈判游说问题的论著，共十四篇，其中十三、十四篇已失传。《鬼谷子》立论高深幽玄，文字奇古神秘，代表了战国游说之士的理论、策略和手段，是纵横树术的经验总结，也被称为兵书。

《美芹十论》 南宋爱国词人辛弃疾所作论文十篇。『芹』指芹菜。《列子》载：有人向同乡富豪赞美芹菜好吃，结果富豪吃了反倒嘴肿闹肚子。后人以『献芹』称所献之物菲薄，以示诚意。辛弃疾《美芹十论》陈述抗金救国、收复失地、统一中国的大计。《美芹十论》是献给皇帝的，表示谦虚，说这《十论》不过是他自己觉得好，皇帝不一定就会喜欢，就像古人喜欢芹菜一样。

《前汉纪》 本名《汉纪》，以《汉书》为基本材料缩编而成。起始于秦二世元年（前二〇九），止于更始元年（二三）王莽灭亡，共三十卷，二三一年的历史。

《宦游日记》 明代徐榜所著，是明代著名的官箴类书籍。

《诫子书》 为诸葛亮临终前写给儿子诸葛瞻的一封家书，成为后世历代学子修身立志的名篇，可视为诸葛亮对自己一生的总结。

《说苑》 又名《新苑》，西汉刘向著，共二十卷，按各类记述春秋战国至汉代的遗闻轶事，每类之前列总说，事后加按语。其中以记述诸子言行为主，不少篇章中有关于治国安民、家国兴亡的哲理格言。主要体现了儒家的哲学思想、政治理想以及伦理观念。

《素书》 相传为汉代黄石公作。民间视为奇书、天书。传说黄石公三试张良，而后把此书授予张良，张良凭借此书，助刘邦定江山。

《盐铁论》 《盐铁论》是中国西汉桓宽根据汉昭帝时所召开的盐铁会议记录『推衍』整理而成的一部著作。书中记述了当时对汉武帝时期的政治、经济、军事、外交、文化的一场大辩论。该书共分六〇篇，标有题目，内容前后相连。

《晋书》 唐朝房玄龄等撰。共一百三十卷，包括帝纪十卷，志二十卷，列传七十卷，载记三十卷，记载了从司马懿开始到晋恭帝元熙二年为止，包括西晋和东晋的历史，以『载记』的形式兼述了十六国割据政权的兴亡。二十四史之一。

《格言联璧》 清代金缨编著。按儒家大学中庸之道，以诚意、正心、格物、致知、修身、齐家、治国、平天下等为内容框架，收集至理格言，按当时人的阅读习惯分为八类意在以金科玉律之言，是一座包罗万象的格言宝库。

《顾亭林诗文集》 清初顾炎武（号亭林）所作。原有《亭林文集》六卷，《亭林余集》一卷，《亭林诗集》五卷，通行有康熙、光绪间刻本。顾氏诗文，刻印者因避清代忌讳，删改颇多。新中国成立后重新整理，分为十六卷。

《晏子春秋》 大约成书于战国末期，是后人假托晏婴的名义所作。记载春秋时期（公元前七七〇年～公元前四七六年）齐国政治家晏婴言行的一种历史典籍。《晏子春秋》经过刘向的整理，共有内、外八篇，二百一十五章。

《钱氏家训》 后唐时钱镠留给子孙的遗训，分个人篇、家庭篇、社会篇和国家篇。

《唐书》 又名《旧唐书》，五代后晋时刘昫、张昭远等撰，纪传体史书，记载了唐朝自高祖武德元年（六一八）至哀帝天佑四年（九〇七）共二百九十年的历史。共二百卷，内帝纪二十卷，志三十卷，列传一百五十卷。在北宋编撰的《新唐书》问世以后，《唐书》始有新旧之分。

《唐律疏议》 原名律疏，又名唐律、唐律疏义、故唐律疏义，是唐朝刑律及其疏注的合编，亦为中国现存最古、最完整的封建刑事法典，共三十卷。

《资治通鉴》 简称《通鉴》，是北宋司马光所主编的一本长篇编年体史书，共二九四卷，三百万字，耗时一九年。记载的历史由周威烈王二十三年（前四〇三）写起，一直到五代的后周世宗显德六年（九五九）征淮南，计跨一六个朝代，共一三六二年的历史。

《海瑞集》 明代清官海瑞的文集。收录了海瑞包括传、序、跋、稿引、奏疏、策、训谕、参评、参语、申文、禀帖、告示、条例、册式、党考、志铭、祭文、书简、议论、诗、四书讲义等各种题材的作品。

《读书录》 明代哲学家薛瑄一生读书、讲学的笔记，共二十二卷，大部分内容是为《太极图说》《西铭》《正蒙》作义疏，多重复，未经删改，推崇朱熹，且有所修正与发展。

《读通鉴论》 明末清初卓越思想家王夫之有关古史评论的代表作之一。是王夫之阅读司马光的历史巨著《资治通鉴》的笔记，全书三十卷。

《通书》 宋代理学家周敦颐的著作。《通书》本名《易通》，后更名《通书》。朱熹为它作了注解。全书共计四〇章，约二八〇〇余字。分类排列的简明百科全书，供给一般人以日常生活中所需技术知识，内容贯通一切，文字通俗易懂。

《通志》 南宋郑樵撰。是一部以人物为中心的纪传体通史。是自《史记》之后，现存的又一部纪传体通史性著作。自三皇五帝到隋。因为在典章制度方面的突出，与《通典》、《文献通考》并称『三通』。

《康济谱》 明代潘游龙辑。康济者，安世济民之谓也。共二十五卷。以经传、正史、政书等大量古籍按类搜集，编辑而成。其内容古代的六部分为六门，每门下又设若干小类，每一小类中基本包括人物传记、概述、相关文章和评论。内容博大，叙议兼备，堪称从政为官之道的百科全书。

《商君书》 也称《商子》，现存二四篇，战国时商鞅及其后学的著作汇编，是法家学派的代表作之一。

《淮南子》 又名《淮南鸿烈》《刘安子》，是我国西汉时期的一部论文集，由西汉皇族淮南王刘安主持撰写，故而得名。著录内二十一篇，外三十三篇，内篇论道，外篇杂说。今存内二十一篇。以道家思想为主，糅合了儒法阴阳等家，一般列《淮南子》为杂家。

《韩非子》 韩非主要著作的辑录，共有文章五十五篇，十余万字。在先秦诸子散文中独树一帜，呈现韩非极为重视唯物主义与功利主义思想。《韩非子》也是间接补遗史书对中国先秦时期史料不足的参考来源之一。

《韩昌黎集》 唐代大文学家韩愈的文集。集中前十卷是诗，后三十卷是文。韩愈（七六八～八二四），字退之，汉族，唐河内河阳（今河南孟县）人。自谓郡望昌黎，世称韩昌黎。唐代古文运动的倡导者，宋代苏轼称他『文起八代之衰』，明人推他为唐宋八大家之首，与柳宗元并称『韩柳』，有『文章巨公』和『百代文宗』之名。

《韩诗外传》 一部由三六〇条轶事、道德说教、伦理规范以及实际忠告等不同内容的杂编。这部书被认为是韩婴写的，他为文帝时的博士，武帝时他与董仲舒辩论过。《韩诗外传》的日期应定在约公元前一五〇年左右。

《景德传灯录》 为宋真宗年间释道原所撰之禅宗灯史。其书集录自过去七佛，及历代禅宗诸祖五家五十二世，共一千七百零一人之传灯法系。此书编成之后，道原诣阙奉进，宋真宗命杨亿等人加以刊订，并敕准编入大藏流通。在宋、元、明各代流行颇广，特别是对宋代教界文坛产生过很大的影响。

《策林》 唐代诗人白居易的著作。为白居易元和元年（八〇六）参加制举试前独

自拟作，共七十五篇，以自砺自试。其精神特质体现在以民为本的儒家情怀、重振国威的使命意识、有犯无隐的批评精神、尚明崇圣的复古理念、客观理性的辩证色彩等五个方面。

《傅子》 晋傅玄所撰。为内、外、中篇，凡有四部、六录，合一百四十首，数十万言。全书主要以宣扬儒家思想为主，对儒家传统学说多以其为立论根据，同时，亦间或夹杂道家思想。

《曾文正公全集》 为晚清重臣曾国藩的文集。从不同的侧面反映了其在修身、齐家、治国、平天下方面的智慧与治学、为人之道，包括奏折、书札、诗钞、批牍等。

《新五代史》 原名《五代史记》，后世为区别于薛居正等官修的《五代史》，称为《新五代史》。全书共七十四卷，本纪十二卷、列传四十五卷、考三卷、世家及年谱十一卷、四夷附录三卷。记载了自后梁开平元年（九〇七）至后周显德七年（九六〇）共五十三年的历史。

《新书》 又称《贾子》，西汉贾谊的政论文集，为西汉后期刘向整理编辑而成，最初称《贾子新书》，当时刘向整理过的其他一些书也称某某新书，以别于未经整理过的『旧书』。后来，别的书逐渐去掉了『新书』二字，《新书》就成了贾谊文集的专名。今存十卷五十八篇，集中反映了贾谊的政治经济思想。

《新序》 西汉刘向编撰的一部以讽谏为政治目的的历史故事类编，是现存刘向所编撰的最早的一部作品。

《新语》 西汉陆贾著。陆贾受命总结秦朝灭亡及历史上国家成败的经验教训，共著文一二篇，每奏一篇，高祖无不称善，故名其书为《新语》。书中关于道的论述颇多。

《新唐书》 是北宋时期宋祁，欧阳修等人编撰的一部记载唐朝历史的纪传体断代史书。全书共有二百二十五卷，在体例上第一次写出了《兵志》《选举志》，系统论述了唐代府兵等军事制度和科举制度，为以后《宋史》等所沿袭。

《意林》 唐代马总撰，始于公元七八七年，唐朝封疆大吏马总集诸子百家精华，编

成《意林》六卷，流传至今。《四库全书》子部，杂家类。

《慎子》 战国时期法家代表慎到等人所著。慎到（约前三九〇～前三一五），赵国人，是从道家中分出来的法家代表人物。《慎子》现存有《威德》、《因循》、《民杂》、《德立》、《君人》五篇，《群书治要》里有《知忠》、《君臣》两篇，清朝时，钱熙祚合编为七篇，刻入《守山阁丛书》。此外，还有佚文数十条。

《慎言》 明代哲学家王廷相的重要哲学著作。书中分一三篇，凡四〇七章。成书于明嘉靖六年（一五二七），初刻于嘉靖十二年。因《论语》中有『慎言其余』一语，『遂以《慎言》名之』。

《群书治要》 唐初著名谏官魏徵及虞世南、褚遂良等在贞观初年受命于唐太宗李世民以辑录前人著述作谏书，为唐太宗偃武修文、治国安邦，创建『贞观之治』提供警示的匡政巨著。

《管子》 是收编和记录春秋时期齐国政治家、思想家管仲及管仲学派言行事迹的总集。大约成书于战国时代至秦汉时期。西汉刘向编定《管子》共八六篇，今本实存七六篇，其余一〇篇仅存目录。

《增广贤文》 又名《昔时贤文》、《古今贤文》，成书于万历年间，后又经明、清增补而成。主要内容为人生哲学、处世之道，以道家思想为主，兼宣传儒家学说。适合于不同思想人群，具有广泛的代表性。

《墨子》 是墨子的弟子及其再传弟子对墨子言行的记录。分两大部分：一部分是记载墨子言行，主要反映了前期墨家的思想；另一部分《经上》《经下》《经说上》《经说下》《大取》《小取》等六篇，一般称作墨辩或墨经，反映了后期墨家的思想。《墨子》内容广博，包括了政治、军事、哲学、伦理、逻辑、科技等方面，是研究墨子及其后学的重要史料。

《滕王阁序》 唐朝王勃所作。全称《秋日登洪府滕王阁饯别序》，亦名《滕王阁诗序》，骈文名篇。

《颜氏家训》 南北朝时北齐文学家颜之推的传世代表作，中国历史上第一部内容丰富、体系宏大的家训，内容涉及儒学、文学、佛学、历史等诸多领域。

《潜夫论》 是中国东汉末年思想家王符所写的政治哲学著作。共三十六篇，多数是讨论治国安民之术的政论文章，也涉及哲学问题。

《履园丛话》 清钱泳撰。共二十四卷，基本上一门为一卷，计有旧闻、阅古、考索、水学等内容。内容广而杂，书中所记多为作者亲身经历，得诸传闻也必指出来源。

《魏书》 北齐魏收撰。纪传体史书。二十四史之一。内容记载了公元四世纪末至六世纪中叶北魏王朝的历史。一二四卷，其中本纪一二卷，列传九二卷，志二〇卷。因有些本纪、列传和志篇幅过长，又分为上、下，或上、中、下三卷，实共一三〇卷。